马克思主义新闻观实践案例集

广告传播案例库

臧丽娜　编著

山东大学出版社

图书在版编目(CIP)数据

广告传播案例库/臧丽娜编著. —济南:山东大学出版社,2018.11
(马克思主义新闻观实践案例集)
ISBN 978-7-5607-6259-3

Ⅰ.①广… Ⅱ.①臧… Ⅲ.①广告学—传播学—案例 Ⅳ.①F713.80

中国版本图书馆 CIP 数据核字(2018)第 289662 号

责任策划:滕希功
特约编辑:马德青
责任编辑:谭学秋
封面设计:牛 钧

出版发行:山东大学出版社
社 址 山东省济南市山大南路 20 号
邮 编 250100
电 话 市场部(0531)88363008
经 销:新华书店
印 刷:泰安金彩印务有限公司
规 格:720 毫米×1000 毫米 1/16
16.75 印张 308 千字
版 次:2018 年 11 月第 1 版
印 次:2018 年 11 月第 1 次印刷
定 价:36.00 元

目　录

第一部分

城市与政府形象类

案例1

泉城梦想　全城向东

——济南高新东区商业发展中心整合推广案例

一、案例背景

济南市“四个中心”的目标建设，以及“开放型经济新体制综合试点试验城市”的批复，都为济南的下一轮发展提出了新的发展要求。在“四个中心”建设的方针指引下，济南高新区作为全市科技经济发展和创新创业的主战场，如何通过“再次创业”，加快构建以“智能装备城、生命科学城、齐鲁智慧谷、齐鲁创新谷”为核心的“两城两谷”产业格局，实现“创建国家自主创新示范区，国内一流科技园区”战略发展目标，将对济南市经济总量的提升以及区域地位的升级带来巨大影响。高新东区商业发展中心需要对高新东区梳理一个全新的品牌定位，确定品牌之后进行全方位、立体化的整合推广传播。

二、高新东区的推广策略思路

(一)规划目标

建设目标：产城融合综合新城

发展目标：中国智造品质示范区 & 智慧与生态城市技术应用示范区

规划面积：110 平方公里

人口规模：约容纳 40.5 万人(接近济南主城槐荫区人口总数)

(二)推广核心板块价值如何突破？

破局——寻找济南人的“痒”点

1. 济南人的城市印象

济南的地标：不管有多高，泉永远是济南人的骄傲

2.济南人的城市印象

济南的商圈:从朴素的泉城路到奢华的泉城路

3.济南人的城市印象

济南的血脉:从家家清泉碧水到处处黄河肆虐

4.济南人的城市印象

济南的城市色彩:从佛山倒影到雾霾缭绕

5.济南人的城市印象

济南的经十路:由宽阔无阻到一路拥堵

6.济南人的城市印象

济南的学校:即使名校汇聚,如今却是一校难求

对济南的思考:

在过去,人们印象中的城市界限是如此分明。

在很多济南人眼中,往东过了燕山立交,往西过了纬十二路,就觉得出了主城区。

东、西两边新城发展虽然初具规模但是相应的配套并不完善,很多人白天在东边上班、晚上回老城区,过着钟摆式的生活。

济南人爱泉、护泉,交通因此步步滞后,环境却每况愈下。

如今老城依然厚重,却显得力不从心……

原本五彩碧绿的山水泉城却梦想脱离 PM2.5 的困扰——空气质量问题。

原本咫尺距离的家却梦想摆脱遥不可及的拥堵——交通问题。

原有媲美姑苏的清泉却梦想看到的不再是“黄土黄河”——环境污染问题。

原是全省教育医疗资源中心却梦想孩子上学不要太难——资源分布不均。

原为骄傲的省会核心却梦想不再做青岛的配角——城市发展问题。

济南,想说爱你不容易。你是实现家国梦的载体,是这个城市变革的中坚力量。

(三)人群定位:智慧型中产阶层

1.中产阶层的理想状态:财富

现在财富已不再局限于物质财富,而是物质与精神的并存。中产阶层会去做一些他们所热衷的事情,比如健身、攀岩、艺术欣赏、茶艺,等等。这也使他们的物质生活变得更加充实、精彩。

2.中产阶层的理想状态:休闲

中产阶层承担着更多的工作重任与社会压力,或许他们并没有太多时间享受,但是他们更需要便利且有效的休闲活动,去修身养性,以利再战。

3. 中产阶层的理想状态：居所

居所是生活品质的重要象征，是一个真正意义上山水环绕、离尘不离城、又有品味的家，是家人最温馨的港湾，是社会中产在外奋斗的稳定保障，是给人生最大的犒赏。

4. 中产阶层的理想状态：自然

纵观全球知名住区：无论是美国纽约的长岛、日本的东京湾、悉尼的玫瑰湾还是香港的浅水湾，无不具有极致的自然景观资源。“山水为尊”的生活环境，是健康的天然绿肺，是人类与生俱来的本能追求。

5. 中产阶层的理想状态：人文

完善的、与居住人群相适应的人文环境是必不可少的。这不仅是指繁华的配套设施、日常生活的便利，而且是指人文资源丰富、有高等学历的中产阶层更注重的优质教育资源，国际化的学校和教育，保证孩子的全面发展，能给下一代完美的人生起点。

（四）策略总结

一座老城的发展之梦——开拓与变革

三、高新东区的板块体系价值

（一）有背景，有国家级战略使命

2015 年，济南提出“四个中心”建设，高新区作为济南产业发展和创新驱动的高地。

2016 年 3 月 30 日，以济南高新区等 6 个国家级高新区为核心的山东半岛国家自主创新示范区获批。

（二）有规模，有产有城微循环自我支撑

规划面积约 13 平方公里，约为济南市区的 1/300，足以承托一个城区所需的规模。

高新技术产业人才汇聚与现代化服务功能人气提升相辅相成、相得益彰。

（三）有山水，有先天的自然资源

巨野河、杨家河两河玉带环绕，有围子山天然氧吧、绿色屏障，彩虹湖犹如碧玺镶嵌其中。

（四）有人文，有高雅的气质符号

文化创意公共建筑一样可以通过光与影、空间与留白体现对时代先驱的精神追求。

会展中心、体育场、文化创意工坊等设施，不仅是丰富的社交场，更承担着文化符号传播与象征的重要使命。

（五）有配套，有优越的资源特权

引进国际学校、品牌学校等优质教育资源，匹配国际社区建设标准。

三甲医院和知名专科医院的引进、一流休闲康养机构等，满足高端人群和外籍人士需求。

（六）有智慧，有现代的国际视野

以产城共生的开发理念，打造示范性环境共生型的城市运营模式。

国际领先的智慧生态基础设施应用展示与示范区，科技研发与智能配套相辅相成，优先享用时代最前沿的国际级智能配套。

（七）有繁华，有产业保障高端人才汇聚

有产业才有人群，有人群就有繁华。比邻大型智慧工业园区，相关高端人才以及技术人员将纷纷落户此地。

众多高新技术、金融产业的相关商务办公配套，吸纳效应不彰自显，东部片区济南市商务高地的地位毋庸置疑。

四、策划思考

就这个蓝图说，我们是设计者
就这个区域说，我们是开拓者
就这个城市说，我们是变革者
我们在描绘的蓝图
是一个如此令人期待的未来
以至于它已经不是一个简单意义上的新城
而是一个城市对理想生活的寄托
还济南一个时代梦想
如何轰动济南、影响中国、吸引世界？
告诉寻梦人
济南的梦想——向东看
不是城市建设者，而是城市的造梦者
不是城市开发者，而是城市的开拓者
“向东”，是否足以锁定目标？

思考 1 沿经十路向东，多片区发展各有特色，我们怎样区隔？

板块的本质属性——城市主导交通动脉上的以商业、商务、文化、休闲为主导的综合服务区，一个创新型的现代服务业主导的生态产融城。

本身是产城结合示范体——本区域重在现代都市商服、新型科研办公、现代文化休闲、领先生态人居，本身是产城融合的微循环。

思考2　沿主城向东，一路在发展，本案距离市区最远，信心如何突围？

体量的庞大号召力：13平方公里的体量，40.5万人口的板块容量，足以在城市掀起人口迁移的浪潮，其影响力足以引起城市格局的改变。

天然的聚集效应：科技园区既有的智慧型精英人群汇聚，保证板块的圈层基础与消费能力。

天生优越的配套：除商业服务外，综合商务服务、生态商务办公规划清晰且符合片区地块山水、地形、地貌实景；此外，智慧产业相融合的生活配套也可持续开发利用。

四维度均衡发展：区别于其他片区，以经十路为发展轴分为南、北两区，特征突出。

思考3　向东发展已经是普遍的社会话题，我们怎样脱颖而出、推广效果如何做到最大化？

首先紧抓板块定位与优势，我们是集聚实力和活力、富有产业升级和经济引擎作用以及优越环境生态条件的高新东区。

不同阶段有不同的工作重点，区分不同的受众人群，传播也相应有不同的侧重。

总结：

一个具有变革意义的城市发展规划，必须有一个复合型的开拓者，具有政治意义和经济意义，必须双向进行，绝不能以地产项目或城市运营进行单一概念，必须站在人类发展梦想与城市变革意义的高度，实现整个社会的广泛关注与认同。

战略使命

1.政治使命：一个区域升华转型的光荣与梦想

2.经济使命：一个国际级繁华中心的入市与造势

内外兼收

1.群众基础：拥有济南及全省舆论基调

2.经济辐射：济南外乃至整个国际投资市场认可

五、高新东区的板块执行推广

（一）推广定位分析

核心区功能定位：现代都市商服、新型科研办公、现代文化休闲、领先生态人居。

（二）主要客户受众分析

● 项目投资招商群体：侧重投资价值

从事基础设施建设、重大地产园区项目投资的境内外财团、基金

从事城市运营开发或一级土地整理开发的一线央企、国企

一般性地产开发企业

酒店管理、文化产业等经营集团

● 物业具体使用及消费的主导群体：侧重生活价值、特色城市体验

国内国际科技、管理人才

产业园区工人

地缘及周边城市居民（唐冶、综合保税区、彩石、邢村立交周边住区等）

经十路、世纪大道、旅游路沿线居民

章丘区、市区周末一日游客群

● 各级政府及同类城市园区群体：侧重创新、政策属性

（三）推广定位策略分析

● 高新东区平台：侧重社会形象定位

● 高新东区商业发展中心：侧重市场形象定位

建议以高新东区商业发展中心为实际平台、主导载体进行宣传；同时要高新东区、高新东区商业发展中心并举，形成合力、层次型推广态势。

● 高新东区平台社会形象定位

高新东区——山东半岛国家自主创新示范区济南核心区（层级）

高新东区——4.0版高科技园区、现代创新产融城（属性）

● 高新东区商业发展中心市场形象定位

高新东区商业发展中心——济南东部城区区域商业中心

高新东区商业发展中心——城市级国际创新型生态商业商务集聚区

（四）规划定位分析

产城融合，实现区域化核心动力；新兴科技产业升级改革；智慧生态城市创新建设——产业圈层：生态科技　智慧创意——（核心）创智总部。

依托自然山水景观提升；顶级医疗教育资源引进升级；多重交通配套规划；购物、娱乐、休闲设施建设；酒店、商务办公配套规划——生活氛围：天然山水　繁华便捷——（核心）生态宜居。

规划山东半岛国家自主创新示范区，建设高新东区次中心、高新东区宜居新城。

● 板块核心关键词

定位关键词：向东　科技　创新　智能　智慧　文化　商务　生态　创意　商业

形象关键词：宜居　梦想　变革　引领　开拓　影响　核心　汇聚　主导　繁华

● 板块概念提炼

Powerise　Business　District 创智商务区(PBD)

P:powerise 创智;palmy 繁华的,兴旺的;palatial 宏伟的,宫殿般;perspicuity 睿智。

Ecology　Business　District 生态商务区(EBD)

E:ecology 生态学,社会生态学,个体生态学;energy 活力,能量;eternal 永恒的;exceed 超越。

Intelligence　Business　District 科创/创智商务区(IBD)

I:intelligence 智慧;invention 发明,创造。

(五)板块定位

主推:济东创智核心　山水宜居新城

阐释:直截了当,全面概括融合东部新城区位特点,科技、智能、创新、创意产业经济支撑,与地块、山水、交通、商业、生活配套的宜居优势。

备选:济南东　世界级繁华梦想新城

阐释:"世界级"体现规划的国际化特点,"梦想"概括一个人居理想状态所应有的所有必要条件。

SLOGAN:向东　筑梦济南　影响世界

阐释:"向东"已经是济南城市发展共识,把区域发展放在"济南梦"的高度上,与全球接轨,体现东区既是未来的中心,也是济南面向世界的一个重要名片。

(六)备选 A:高位宣传推广体系

板块定位:国家产业新硅谷·齐鲁生态宜居城

阐释:用具有国际共识的示范,体现国家战略的方向占位。将国家自主创新示范区概念具象化,便于受众理解未来发展前景。

SLOGAN:聚合影响世界的力量

阐释:未来的区域中心,居住资源优势必然带动人群汇聚,产业科技的进步将引领世界潮流。用世界格局,体现未来发展的高度。

(七)备选 B:影响借势的体系

板块定位:万众产业新区·自然宜居新城

阐释:在宜居属性基础上,侧重板块产业发展前景及体量。

SLOGAN:改变地平线的力量

阐释:用地平线暗示高度,同时传递发展变革的力量。

(八)备选 C:以区域地名特色方向

板块定位:东城门户·国家战略产城集群

阐释：定位在明确方向的同时，对整个区域进行宏观概括，体现规划格局。

SLOGAN：聚合世界　左右 IBD

阐释：体现商服配套的高度及世界影响力。

六、案例亮点

(一)起势阶段：广泛认知

阶段推广重点：告诉世界——我是谁

工作重点：板块亮相

工作目标：取得社会广泛关注

策略核心：广泛传播板块定位与区域规划，为高新东区商业发展中心在东部城区建立区隔，在全济南乃至整个有意山东的投资客户群体取得影响力与关注度。

阶段主题：

济南东　世界级繁华梦想新城

——13 平方公里　国家自主创新示范区 IBD

阐释：“世界级”体现规划的国际化特点，“梦想”概括一个人居理想状态所应有的所有必要条件。

阶段主题(备选)：

济东创智总部　山水繁华新城

——13 平方公里　国家自主创新示范区 IBD

阐释：“向东”已经是济南城市发展共识，而济南高新东区商业发展中心的唯一性占位是亮相的首要任务——此唯一性就是区域的板块定位。

围挡：

造城　在济南　再造济南

济东创智核心　山水繁华新城

造梦　与祖国共筑济南梦想

城市级国际新型生态商业商务集聚区

造势　大势向东　未来已来

××亿打造济南价值新高地

软文、微信炒作：济南要“偏心”

济南东 13 平方公里山水智慧繁华新城核心：未来科技创新地位、未来繁华前景、未来教育和医疗优势资源规划、宜居条件解析

软文、微信炒作：济南人口向东流

济南东13平方公里山水智慧繁华新城核心：板块的科技产业园区价值商服配套发展前景

（二）蓄势阶段：赢得认可

阶段主题：

泉城梦想　全城向东

济东创智总部　生态繁华新城

阐释："向东"作为"济南梦"的承载，向大众昭告东部发展的战略意义与必行的趋势。

阶段主题（备选）：

向东　筑梦济南　影响世界

济东创智总部　生态繁华新城

阐释："向东"作为"济南梦"的承载，向大众昭告东部发展的战略意义与必行的趋势。

围挡及延展：

梦之规划

约 10800000m^2（规划中）山水繁华创智之城

梦之背景

国务院获批　国家自主创新示范区

梦之红利

智能配套之城　科技创业之邦

梦之迁移

405000人（规划中）精英人群汇聚之地

梦之自然

环湖而居　背山面水　玉带环绕

梦之繁华

购物天堂　左右繁华　执掌IBD

（三）破势阶段：深刻认同

阶段推广重点：推广重点引导世界——跟我来

工作重点：地块价值兑现

工作目标：广泛号召　深刻认同

策略核心：基于前期招商成果，用事实依据炒作板块价值，有利于社会受众从广泛认知转化到普遍认可。

七、高新东区广告传播活动策划点

（一）起势阶段

召开专家媒体规划论证会。

活动目的：借活动宣传规划蓝图，表明板块发展决心；通过会议汇集多方专家、名人，分析论证，提出建议，优化设计方案；邀请媒体等各方权威机构参加，并在后续报道中描绘规划、板块发展前景。

会议环节：

1. 济南市政府领导致辞表明板块发展对城市变革的重要意义。
2. 区域政府领导阐述科技创新企业扶持政策、板块商服配套规划。
3. 邀请到场专家论证产城融合发展模式，对配套规划提出建议。
4. 媒体单位提问。

主题建议：

格局变革　时代迭代

——济南城市未来创新发展之路论坛

（二）蓄势阶段

公共板块功能示范区开工

活动目的：示范区的开工是规划的落地与承诺的兑现；同时也是板块形象实际亮相的契机；对关注本板块发展的社会人群及企业来说也是强心剂。

城市发展新闻发布会暨招商投资签约大会主题建议。

（三）破势阶段

活动目的：宣传示范区的发展规划与建设成果；总结与展示阶段发展招商与建设工作；用一个长期权威的平台将板块规划展示给大众；在规划方案逐渐完善成熟之际，用更加直观的沙盘形象告知。

主题建议：

致城市的变革者——济南梦想之“东部创新之路”主题展

公益形象：

年度“城市创新力量”评选暨表彰大会

主题建议：

发展之梦　创新之光

济南城市创新力量企业个人年度评选

八、高新东区视觉设计方案

（一）主题设计方案

九、社会评价

在济南打造“一主一副五次”的城市中心全新定位中，高新东区将充分展现自身特点，把高新东区城市次中心建设成为智能科技领先、生态环保国际化、教育医疗等公共服务配套完善、产商链条清晰融合的宜居宜业新城，缔造济南东部的未来之城。

（案例来源：新之航传媒集团）

案例2

留住济南

——济南城市品牌探索案例分享

一、案例背景

(一)《留住济南》初心发想

火车站倒下了;泉城路倒下了;山师东路倒下了;经七纬六的英国领事馆倒下了;北大槐树倒下了。济南若是一具肉身,此刻正被人拿着牙签剔得干干净净,然后给予个“国际化”一走了之。借着酒劲我就哭了,我们想如果济南不留住点什么还能剩下什么啊,于是便有了《留住济南》这个创意。

用济南本色留住济南正在失去或已失去的东西,欢迎新的改变,但更尊重这片土地留下的遗产,我们小心翼翼把这份厚重珍藏,一直感恩这是我们的故乡。带着对故乡的美好初心,《留住济南》四年来从未停止创作的脚步。

(二)《留住济南》的延续

从济南已经消失的美好记忆,到礼乐风景生活百态,《留住济南》已然渗入济南的方方面面,成为济南城市品牌的超级IP。假若要把《留住济南》一直做下去,我们该如何在既有的高度上突围?秉持着对济南城市的敬意,把更多济南的美好留住,让更多济南人及更多新济南人有一份对济南城市的认知。

二、作品展示

《留住济南　第一季》:城市印记——建筑篇

创作团队名单:

创意总监:木影

文案：吕忻珂、徐婴心

设计：赵艳、时宇

除了文化对城市的影响，或许我们很难找到一个比建筑更能代表城市灵魂的东西，数千年来，它见证着城市的变迁与人文更迭，在历史的齿轮中，与城市共生共长。无论是老火车站拆除时的万人愤啼，抑或是传言中的复建风声，都足以让这座城市的人和事为之动容，实则回到建筑本身，去留下这座城市本身的意义。

《留住济南　第一季》中，我们用笔刻画下那些存在于今却慢慢消失的建筑。建筑本身已足以存载史册，但建筑之内所承载的人、事、物，却是时代恢宏之下最济南的一种展现。无论是大观园的说书人、趵突泉的层叠院落，还是洪楼教堂的传教士、老火车站的悠悠钟声、芙蓉街的吆喝声、解放阁的红袍绿袄，等等，这些时代的印记，正是济南慢慢失去的，而我们需要留下的。

《留住济南　第二季》：城市印记——生活篇

创作团队名单：

创意总监：木影

文案：木影、李嘉莉

设计：赵艳、时宇、陈自圆、陈晓玲、高恒慧、李冉

无论时代怎么变迁，城市怎么前进，生活的主角依然在城市的每一个角落，以济南特有的腔调发声。即使前进的车轮在济南这片土地上发出巨大的马达声，那些每天早上起来去打水的人，依然在有条不紊地用自己的方式演绎着泉城的美。晚饭后，一家人流连于大明湖畔，听湖说，看莲笑。小清河复航，在船夫的一声号令中，直通大明湖。曲水亭街清澈的流水，流过每一条街巷，灌溉着淳朴的民风。喝一杯泉水吧，这是泉水淘的菜，味道确实不一样……这些融入骨子里的济南生活，才是最济南的特色。

《留住济南　第二季》中，我们在第一季建筑的礼序中，循着济南的声音向生活取经，只有最真实的生活才保留着最济南的味道，这些根植于济南血液里的生活点滴，是那些坚守人的一种信念，更是济南慢慢失去的，而我们急需留下的，只有这样才能让济南更济南。

《留住济南　第二季》，首次 H5 面世，产生了 700 万浏览量，最远传播至法国大使馆，众多媒体争相转发，形成了一段时间济南人对济南记忆寻找的高潮。

《留住济南　第三季》：城市印记——礼乐风景篇

创作团队名单：
创意总监：木影
文案：解洪涛、袁隆巍
设计：付廷双、洪海潼、张恩伟、刘蕾、周嫣

荀子认为"人最为天下贵"。这座 4000 年的城市，"克己复礼"，遵循着一切值得尊敬的礼数。在几千年的历史更迭中，济南依然保持着自己的一切，用济南之声，向世界发声。假若你来了济南，喝一口泉水，尝一口甜沫，吃一口把子肉，这些最地道的济南味道虽没有名列美食榜，但足以让你来到济南就融入济南，化身真正的济南人。这是济南最特别的地方，也是济南长久以来一直坚守的文化，只有每一个人都是济南人，济南才是最美好的济南。赶一场千佛山庙会，游一圈大明湖，吃一顿年夜饭，在王府池子游一次泳，济南就是这样，不求于外，而炫于内。

《留住济南　第三季》中，我们沿着建筑，循着生活，踏着这座城市的礼乐风景，用最好的济南日常去展现最济南的一切。当下中国对传统文化的再认知，已经让城市的每一种文化又重新走进生活的视角，只有最广众的东西，才是最平实的文化信仰。每一个急速发展的城市都应该用一笔一画留住曾经的城市记忆。

《留住济南　第四季》:城市印记——心灵故乡篇

创作团队名单:
创意总监:木影
文案:袁辰、赵盈盈
设计:张瑞俭

最忆不过年少,最念不过故乡。城市的多姿多彩,注定让每一个人在此诞生不同的故事。在济南生活久了,你会发现这座古朴的老城既有着国际化的东方之美,又有着那些回归故里的乡土情切。正如老舍先生所言,“一个老城,有山有水,全在天底下晒着阳光,暖和安适地睡着,只等春风来把它们唤醒,这是不是个理想的境界?”对济南而言,这是理想的境界,城门楼外的傍晚乘凉,河边的少年泳事,田间的麦香,雪中的济南,繁华闹市中的一颗糖葫芦等等,这些在济南千百年来从未改变的事、物、人,这才是我们要坚守的心灵故乡。

《留住济南　第四季》中,每一个人在路上都是孤独的行者,每一个人在济南都拥有相同的故乡。我们循着心灵的足迹,去回归当下城市的方方面面,因每一个人都不会单独地存在,每一个人都因心所向而奔跑。这是城市中最容易被忽视的一角,我们以平实的笔触来记录。

《留住济南》,是我们对城市品牌实践的探索,它不单单是一个作品,更是每一位深入其中、乐在其中的创作者的初心。只有我们把济南放在心中,济南才会留于心中。作为一个开始,我们从不奢求能感动每一个人,但希望能温暖部分热爱济南之人。我们在坚守初心的同时,后续《留住济南》将继续发声。

(案例来源:腾鲤广告传播)

案例3

新生的城市，新生的人民

——唐山区域性项目服务

一、案例背景

（一）城市简介

唐山，河北省地级市，位于河北省东部、华北平原东北部，南临渤海，北依燕山，毗邻京津，地处华北与东北通道的咽喉要地，是京津唐工业基地中心城市、京津冀城市群东北部副中心城市，唐山地区是中国乃至世界最重要的工业区之一。

唐山被誉为“中国近代工业的摇篮”和“中国北方瓷都”，是国家重要的能源、原材料基地。这里相继诞生了中国第一座机械化采煤矿井、第一条标准轨距铁路、第一台蒸汽机车、第一桶机制水泥和第一件卫生陶瓷。

（二）项目背景

2016年是唐山大地震40周年。

在唐山抗震40周年之际，习近平总书记视察唐山，称赞唐山是一座英雄的城市，唐山人民是英雄的人民，希望唐山按照“三个努力建成”目标，全面做好改革发展稳定各项工作，争取在转变发展方式、调整经济结构、推进供给侧结构性改革等方面走在前列，使这座英雄城市再创辉煌。

40年来，英雄的唐山人民抚平伤口，励精图治；英雄的唐山从满目疮痍中凤凰涅槃、浴火重生，从废墟到重建，从快速发展到科学发展，创造了世界地震史、城市发展史上的奇迹。如果说震后重生是唐山第一次凤凰涅槃，那么经历40年发展后的唐山，现在正面临第二次涅槃——转型升级，向海发展。现在，这座不平凡的城市又一次吸引了全世界的目光：世界园艺博览会、第三次中国—中东欧国家地方领导人会议先后在唐山举办；京津冀协同发展，“一带一路”等国家战略层层推进，为唐山这座资源型城市的绿色发展提供了前所未有的历史性机遇；一座座崭新的文化地标挺立在曾经是开滦采煤的沉降区，绿意葱茏，景色怡人……40年的沧海桑田，高耸的塔吊、轰鸣的机器、汽笛声嘹亮的货轮，还有唐山港连通五大洲的繁忙航线，生动勾勒了唐山迈向世界的脚步。

2010年，唐山市获得了2016年世界园艺博览会的承办权。世界园艺博览会(World Horticultural Exposition)是由国际园艺花卉行业组织——国际园艺生产者协会批准举办的国际性园艺展会，有着世界园林园艺界“奥林匹克”盛会的美誉。唐山世园会是世界园艺博览会首次利用采煤沉降地，在不占用一分耕地的情况下举办的世界园艺博览会。

在唐山大地震40周年之际，在唐山南湖公园举办世园会，可以向世人展示唐山抗震重建和生态治理恢复的成果，表明唐山人民保护环境、修复生态、实现资源型城市转型和可持续发展的决心。

唐山南湖投资集团是唐山市属大型国有独资企业，主要负责南湖区域土地一级开发，承担城市基础设施及重点项目的融资、建设和运营任务。2016年唐山世界园艺博览会，南湖投资集团承担着世园会会址建设、融资、运营的工作。其将昔日30平方公里采煤沉降区改造成全国最大的城市中央生态公园，一座功能完善、配套先进的生态之城、宜居之城崛起于唐山南部，并先后获得迪拜人居奖、国家4A级旅游景区、中国人居环境范例奖、国家体育休闲示范区等多项荣誉。2016年7月28日，习近平总书记视察唐山南湖，称赞唐山世园会是一个绿色发展的好作品，赞叹“装点此关山，今朝更好看”。

二、创作过程

(一)唐山城市形象广告片《英雄的城市，英雄的人民》

1. 宣传诉求

本次广告片就是要从各方面诠释“英雄的城市　英雄的人民”。

(1)“英雄”之于唐山城市，何谓英雄？

文案：

是历千年而不朽的厚重

是近现代“开风气之先”“七个第一”的荣耀

是震后“废墟中重建”“公而忘私，患难与共，百折不挠，勇往直前”的格局

是新时期“转身向海”、迈向生态文明的果决

英雄的城市，无处不在

凝结于山、川、草、木

转化为社会经济的腾飞

崛起为一座座地标性建筑

在城市内外，深深打上“英雄”烙印

(2)“英雄”之于唐山人民，何谓英雄？

文案：

是历史长河内的人文鼎盛——文化名人及传承者群像

是抗日战争、解放战争的壮怀激烈——革命英雄群像

是经历大地震后的坚强昂扬——幸存者与建设者群像

是文明城市建设中的精神传承——当代平民英雄群像

英雄的人民，两大群体

“精神符号”般的革命英雄、文化英雄、建设英雄

更有无数鲜活的“英雄精神”传承人，成为个人英雄、行业英雄、生活英雄

“英雄主义”，内化于心，外化于行，涌动在人民的血脉深处

英雄＋唐山，英雄＋人民→形成“英雄唐山”的城市合力

2. 创意策略

围绕“英雄的城市，英雄的人民”这一基本内容，在集中展示唐山城市良好的发展风貌、深厚的历史积淀及广阔的未来前景外，塑造一群参与唐山变革、建设、传承的“英雄人民”。

以富有代表性的人、建筑、事件等，夯实“英雄”主题。

(1)英雄的城市

文案：

在时间序列上，三个阶段——唐山“英雄城市”的“英雄加冕”

近现代，“七个第一”的历史遗存与现代创举

大地震后，百废待兴，平地起新城的社会经济发展与城市建设

新时期，迈向生态文明的新探索

(2)英雄的人民

文案：

在空间序列上，四组人物群像——唐山“英雄人民”的“英雄巡礼”

幸存者及建设者群像——如截瘫伤员群体、普通工作者、劳动模范

革命英雄群像——如抗战老兵、李大钊纪念馆相关人员

当代少年群像——如佩戴红领巾的少先队员

幸福老年群像——如“俏夕阳”老年舞蹈队

3. 拍摄执行

广告片的拍摄得到了唐山市委的大力支持，并由唐山人民真情演绎。影片

镜头沉稳大气，展现了唐山精神的伟大。

4. 作品展示

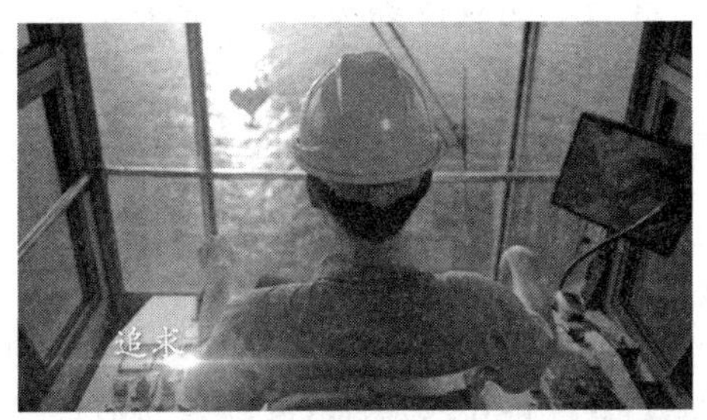

5. 效果

本广告片通过对唐山人民的解读与内心刻画，展现出唐山及唐山人民在战胜灾难、重建家园中凝结成的抗震精神，其所涵容的团结、坚韧、勇于克服一切困难的精神内核，不仅是唐山人民宝贵的精神财富，更是全人类所共同追求的精神财富。

(二)唐山世界园艺博览会广告片

1. 世园会主题建设

2016 年唐山世界园艺博览会主题是“都市与自然 · 凤凰涅槃”。其含义是：时尚园艺、绿色环保、低碳生活；都市与自然和谐共生。

总体空间布局围绕“一轴八园”的架构形式，以“凤凰展翅”为主骨架，融合自然水体水岸景观，设计独特。

“一轴”为：核心区主景观轴，由北向南依次为综合展示中心、丹凤朝阳广场、水上剧场、驳船码头、花卉长廊、彩虹桥、立体花街、空中飞桥、低碳花园、龙山、植物风情馆等 11 处主要景观节点。

2. 宣传诉求

以世园会为宣传主体，兼顾唐山城市形象宣传，具备大会的普世性，又有宣传唐山的针对性，能巧妙地将二者结合，是本次广告宣传的核心点。不仅仅从世园会的角度宣传城市，更多的是精神相通、休戚与共。

(1)从 2016 年唐山世园会主题中，提炼世园会精神，将精神内涵与唐山城市的精神内涵相贯通，从而达到唐山城市精神与会议精神的高度统一。

(2)提炼世园会与唐山城市精神的互通性带给更多城市的借鉴意义，找到这次盛会都市与自然的真正落脚点，提升世园会的高度和深度，延展本次会议的后续效应，能起到事半功倍的效果。

(3)拍摄一部美感与功能并重、具有营销功能的宣传片。

4.拍摄执行

(1)航拍视角表现

通过航拍视角，展现唐山世园会全貌，以更高、更广的角度，跳脱以往的陆地拍摄，让观者真正站在更加宏观的角度上看待都市与自然、世园会与唐山城市的关系。

(2)影像呈现乌托邦梦境

运用棚拍画面，以儿童的视角呈现出一个乌托邦式的梦境。影片从孩子对城市的构想入手，孩子打开了童话世界的大门，看到都市居民与绿色的关系，最终呈现一个人与自然和谐相处、都市与绿色完美交融的唐山世园会。

(3)涂色手法增加亮点

通过“涂色”这一深受国内外受众喜爱的手法，增强影片的画面亮点，由点及面，点滴晕染开来的，是一个城市从灰白二色到绚丽多姿的整体过程。

(4)突出画面质感

最大化增加色彩饱和度、对比度，赋予影片画面以清新、唯美、童话色彩，也契合世园会“让自然走进城市”的创办基调。

5.作品展示

6.效果

通过本广告片，让世界看到世园，认识唐山，改变对唐山的历史认识。2016年的地震纪念原本就是“逢十”的重要年份，又恰在世园会会期当中(7月28日)，纪念地点又与核心会址重叠，两个活动同时举行，互相见证，具有特别的意义。

三、项目总结

做地域性项目的整体宣传，有利于深入了解地区发展、地域文化、人民性格，有利于全面业务的开展，更有利于长期合作。随着唐山城市形象广告片、唐山世园会广告片影视项目的顺利完成，以及在制作中的唐山城市形象宣传片，这都在整体上反映出长城梅地亚在唐山地区的服务优势。

(案例来源：长城梅地亚文化产业集团)

案例 4

东营胸怀，拥抱世界

——东营城市形象宣传升级

一、案例背景

(一)城市简介

东营是山东省地级市，是黄河三角洲的中心城市，位于山东省北部、渤海之滨，是我国重要的石油基地。市辖两区三县和国家级东营经济技术开发区、省级东营港经济开发区。东营区位优势明显，东临渤海，与日本、韩国隔海相望，北靠京津唐经济区，南连山东半岛蓝色经济区，向西辐射广大内陆地区，是环渤海经济区的重要节点、山东半岛城市群的重要组成部分，处于连接中原经济区与东北经济区、京津唐经济区与胶东半岛经济区的枢纽位置。

东营是一片会生长的湿地，河海相依，洪波逐浪，万物春华秋实，生命诗意栖息。奔腾不息的黄河与浩瀚深邃的大海相遇，浑黄的河水在湛蓝的海面之上铺展，形成了世界上年代最晚的大河三角洲湿地——黄河三角洲湿地。河海交汇的神奇、珍禽翱翔的野趣、芦荻飞雪的秀美、湿地红毯的绚烂，均在这里呈现。这里拥有中国暖温带最完整、最广阔、最年轻的湿地生态系统，被誉为“中国最美湿地”。

这里是兵圣孙武的故里，也是山东吕剧的故乡。黄河文化、海洋文化、古齐文化、石油文化、移民文化和湿地生态文化在这里交汇融合，形成了博大精深的黄河口文化。

东营兼得黄河的馈赠和大海的垂青，自然资源富集，素有“百鱼之乡”和“东方对虾故乡”的美称。东营被整建制列为国家现代农业示范区，国务院批准设立的黄河三角洲农业高新技术产业示范区成为全国第二个国家级农业高新区。

同时培育了黄河口大闸蟹、黄河口大米等知名农产品品牌，建成全国规模最大的海参滩涂养殖区。

(二)项目背景

2012年东营城市形象宣传片招标，长城梅地亚以绝对的优势争取到宣传片的制作机会。客户完全赞同竞标方案中提出的“交响乐”的创意点，经过两次沟通及实施拍摄，一部风格独特的城市形象宣传片制作完成，其中全片无配音稿也是当时一次大胆的尝试。

2017年，东营市委宣传部再次联系到长城梅地亚，期望将宣传片升级更新，再度合作。于是，长城创意团队对东营市进行了更加深入的了解与研讨，从东营的地域特点、城市性格、人文生态等多方面进行深度解读，给出宣传片＋广告片的联合传播建议。

二、创作过程

(一)2012版宣传片《东营交响》

1.创意策略

文案：

东营城市特点分析：包容、交汇

河与海在这里交汇；

历史与潮流在这里交错；

生态与经济在这里交织；

城市与文明在这里交融；

黄、蓝经济开发战略在这里交集；

面临的问题：

如何用一种表现元素将东营“包容交汇”的特性淋漓尽致地展现出来呢？

——这将是我们此次形象片突破的关键！！

2.创意主张

作品将创意解决之道定为“交响乐”，以音乐贯穿全片，以不同音乐和独特情景设计对应不同的宣传层面，以音乐的交响融合共同唱响东营交响乐，体现出：

● 自然之声——生态东营

● 产业之声——绿色东营

● 城市之声——文明东营

● 和谐之声——幸福东营

这一切，共同演奏成一曲东营精神交响乐！

3.创意策略

(1)自然之声

音乐建议:舒缓、悠长。

以小提琴演奏作为引子,将东营的生态之美巧妙串联起来。

表现内容:全面构筑生态系统、湿地生态修复工程、生态绿化工程、海洋生态保护工程。

(2)文化之声

音乐建议:铿锵、有力。

以吕剧演奏作为引子,将东营的历史文化之美巧妙串联起来。

表现内容:吕剧文化、短穗花鼓、孙子故里、齐笔文化。

(3)城市之声

音乐风格:动感,明快,节奏感强。

以这种风格的演奏作为引子,将东营的生态产业之美巧妙串联起来。

表现内容:胜利油田产业、环境友好型工业、突破现代服务业、高效生态农业、生态循环水系、金湖银河生态工程、实施城市绿化、完善提升城市功能。

(4)和谐之声

音乐风格:热烈、欢快、昂扬。

幸福融合汇聚,烘托氛围,形成高潮!

合力演绎生态和谐、文明幸福的东营!

文案:

交响,符合当下东营纳海天之势的气度:自然风光(旅游资源、土地资源、石油资源、生态建设等)。

交响,符合当下东营开放包容的胸怀:城市建筑、经济发展。

交响,符合当下东营和谐交融的内涵:历史文化、和谐社会。

交响,预示着未来东营声震四方的发展影响力!

交响,预示着未来东营兼容并蓄的投资潜力!

交响,预示着未来东营海纳百川的旅游吸引力!

雄浑——大型管弦音乐演奏,塑造大气、国际化新东营。

协调——淋漓尽致的情景设计,谱写和谐乐章。

澎湃——交响乐式宣传,富有史诗性、英雄性,动感激昂、意气风发,更适宜塑造现代、国际化大都会的城市性格!

壮美——交响乐时而激昂,时而婉转,顿挫分明,最适合东营刚柔并济的秉性,最能将听众带入音乐意境和想像空间!

沟通——中西合璧的音乐交汇,塑造同步国际的典范之城。

区别于其他城市，个性突出，超越以往平铺直叙的宣传方式，以雄浑壮美的交响升华城市形象！升华宣传基调！升华受众感知！

4.拍摄执行

采用航拍、船拍、广角、摇臂、升降等大型影视拍摄手法，极致展现东营的壮美！在音乐串联上，由著名交响乐团为东营交响增辉添彩。

5.作品展示

(二)2017版城市形象宣传片

1.解读东营

- 入海口：黄河，5000年沉积，蕴蓄，入海交融。
- 城市：创业城市，自然孕育，地质演化，只为能量勃发。
- 文化：孙子文化、创业文化、吕剧，求变的精神实质。
- 生态：生物多样性，为自然界提供了一个基因库样本。

河海交汇，城市变迁，产业发展，生态和谐，生物多样，历史传承，内部外各种文化交融。东营，于内部和外部而言，某种程度上都是一个普普通通的城市。但是，考虑东营的每一个特质：

- 区位：大河入海，边界，两种文化对撞交融。
- 城市：从无到有，土地在新生。
- 生态：被诅咒过的盐碱地，却生发着独特的生机。
- 历史：孙子兵法的精神与创业文化，带给发展加速度。
- 风物；天赋能量，沉积了亿万年蕴蓄。
- 人：聚合融汇，从四面八方迁徙而来。

小结：几方面特质，不像一般城市的发展轨迹，总是充满着变化。

2.创意策略

因循这些变化，如果把东营看作一个坐标，于时间而言：

文案：

自然蕴藏的集中爆发：亿万年的蕴藏，只为爆发；

文化的原生地：古齐文化、孙子文化、吕剧文化、创业文化、中原文化与海洋文化，只为交融；

今日的天赋异禀，比照昨日的生长、繁荣。

于地理而言：

文案：

疆域：骨架在延伸，城市的边界，脚下新生的土地；

土地：盐碱地上，柽柳林与铺天盖地的翅碱蓬，生命的顽强历经考验；

城市：因创业而起，却远远超越油田本身，带来新城万象；

湿地：百鸟翔集，草长莺飞，生态养成；

万折必东，不只是黄河本身，而是东营的过往，都像生命般顽强。

于世界而言：

文案：

这座城里的每一个人，陪伴东营不过30多年，却品悟几千年来积淀与蕴蓄；

这座城里的每一种文化形态，在归纳、梳理、互相渗透的过程中，透着文化的原生力；

厚积薄发，一以贯之，生命力始终如一。

小结：

文案：

于时间而言，东营，生长亿万年，文化交融5000年；

于地理而言，东营，生发出新生的土地、新生的希望；

于世界而言，东营，人和文化、城市张力影响着世界，透露着原生的质朴和新生的跃动。

策略主张：生命的舞动

3.创意表现

(1)不同剖面元素，解读城市生长

多线索，立体影片架构。

文案：

一条河的归宿

一湾海的接纳
一片陆的边际
一只鸟的迁徙
一股力的翻腾
一种法的解读
一支曲的传唱
一棵树的年轮
一座城的日暮

(2)成组镜头,用变化体现生长

每一组镜头中,用相同元素贯穿不同的时间、景别、人物等变化,强调同一风物的不同阶段,体现城市变化中生命的勃发。

4.作品展示

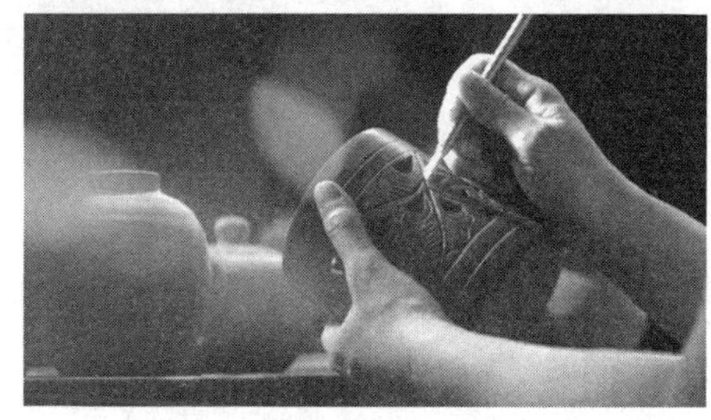

(三)东营城市形象广告片(制作中)

城市形象广告片作为城市形象宣传片的有效补充,短小精悍,可以从不同的侧重点出发,以不同的视角看城市,创意更灵活。

1.创意策略方案一:“对比篇”

当古老的黄河、沉淀的文化与新生的土地、多样的生命在同一个城市融合。能催生多少可能?

——对人而言:气魄、自信、大度、达观

——对城市而言:自由生长、万种可能

建议广告语:古老的大河,年轻的土地

文案：

古老与新生

文化的沉淀，传统的继承

新生的激情，城市的放达

融合在古今交错、河海交融的东营

形式：擂鼓中交错单独

擂鼓：兵文化的象征

节奏：新生命的呼喊

将古今交错于音律节奏中，通过亘古黄河这一文化象征进行融合。

2. 创意策略方案二："归来篇"

解读超级符号：黄河入海

——黄河之水天上来，奔流到海不复回；

——黄河落天走东海，万里写入胸怀间；

大河大海，滚滚东去，共赴天际。——大河归去

而江河万古流　身后东营——因大河而生，承大河而起；

文化的积淀，

生命的生发，

资源的喷薄，

精神的共鸣，

在大河身后，肆意生长，喜迎盛世。——万世开来

建议广告语：大河归来

3. 创意策略方案三："赶海篇"

黄河入海、黄河口湿地、胜利油田、孙子兵法文化、吕剧、城市格局等，如何将这一系列厚重的文化意象符号提炼出来？

寻找差异点！

毫无疑问的就是黄河、海！

如何让人记得住？

有冲动、易传播、轻松化、视觉化

建议广告语：跟着黄河去赶海

(1)强调不同，反差：黄河强调的文化一直以厚重、悠久为代表，而赶海，恰是轻松愉悦的解读。

(2)形成 IP，感召："跟着黄河去赶海"，句式本身强调"跟着、去"，在一系列四平八稳的广告宣传中，刷新传统语境。

三、社会评价

从 2012 年的首次合作，到 2017 年的宣传片升级拍摄，从创意策略到拍摄执行的顺利沟通，都是双方深入合作的结果。对于客户的连续性服务，有利于广告服务者加深对一个项目的认知，有利于对创意的筛选，做到比客户更懂，才能称得上对项目负责。

（案例来源：长城梅地亚文化产业集团）

案例5

仙境里的烟台，阳光里的你

——烟台城市形象宣传片

一、案例背景

（一）城市简介

烟台，山东省地级市，是山东半岛的中心城市之一、环渤海地区重要的港口城市。地处山东半岛东北部，东连威海，西接潍坊、青岛，南邻黄海，北濒渤海，与辽东半岛对峙，与大连隔海相望。烟台是环渤海经济圈内重要节点城市、山东半岛蓝色经济区骨干城市、中国首批14个沿海开放城市之一，中国海滨城市，亚洲唯一的国际葡萄·葡萄酒城、“一带一路”国家战略重点建设港口城市，是国家历史文化名城、全国文明城市，与威海同为中国著名的“雪窝”。

烟台是“东方海上丝绸之路首航地”，有厚重的历史文化认同积淀。这里是中国最早植柞养蚕的地区之一，早在西周时期丝织业就有一定的规模，为“东方海上丝绸之路”的开辟准备了充足的货源。

烟台是全国唯一同时拥有连续四届全国文明城市、连续六届全国社会治安综合治理优秀城市、连续七届荣获全国双拥模范城，并获“国家历史文化名城”“全国最安全城市”“中国最佳休闲城市”“联合国人居奖城市”“中国人居环境奖城市”“中国人居环境范例奖城市”“中国绿色食品城”荣誉称号的城市。

（二）项目背景

在建设“一带一路”陆海双向开放枢纽方面，烟台将发挥“东方海上丝绸之路首航地”的历史优势，积极融入国家“一带一路”战略，通过打造“一带一路”战略支点城市、提升投资贸易合作水平、完善互联互通体制机制等，全面提升与沿线国家经贸合作水平，建设“一带一路”特别是21世纪海上丝绸之路排头兵和主力军。

二、创作过程

城市形象宣传片是一个城市的动感名片，用独特的视角和流畅的影视语言，精心梳理城市的文化脉络、历史渊源，穿越时空的屏障，将逝去的珍贵记忆与现实的成就重组，诠释城市的辉煌与美丽。

（一）宣传片诉求

1. 宣传片要具有良好的创意，令人印象深刻，并符合“仙境海岸 阳光烟台”这一城市形象品牌定位。

2. 要以烟台整体城市形象宣传为主，恰当地展示烟台独特的自然禀赋、人文景观、旅游资源等城市特点和城市内涵。

3. 深度融入“一带一路”，展现烟台在国家发展战略过程中以及在历史文化、交通物流、对外开放等多方面的独特优势。

（二）创意策略

放大视角看烟台——“仙境”“海岸”“阳光”的深入解读

针对本次诉求，长城创意团队从烟台的“阳光”“海岸”“仙境”三方面对“仙境海岸 阳光烟台”概念进行深度解析和通盘考虑，三个词语表象下蕴含着丰富内涵，神秘、厚重、人文、开放、美丽、生态、宜居等城市特质组构多面烟台，释放多维精彩。

1. 仙境

(1)充满神秘色彩的仙境

——徐福东渡、秦始皇三次东巡“寻仙”、汉武帝寻“仙药”、八仙过海传说、海市蜃楼

(2)融合千年文化精髓的仙境

——崇尚三教合一的全真教诞生地、书法之乡、京剧之乡

(3)真实的烟台仙境

——蓬莱阁、昆嵛山、三仙山等景色美如仙境

“北方第一海滩”金沙滩海滨公园海岸美如仙境

生态宜居城市美如仙境

2. 海岸

向外：

(1)传递千年历史文明的海岸

——徐福东渡、“海上丝绸之路”

(2)连通世界的海岸

——东北亚战略交通枢纽、山东半岛蓝色经济区骨干城市、连接“一带一

路”战略支点、国家首批14个沿海开放城市之一

向内：

带动国家经济发展的海岸

——环渤海经济区重要节点城市、烟台—大连渤海跨海大通道，从烟台出发，让环渤海真正成“环”

3. 阳光

(1)阳光的产业

——中国北方水果之乡，烟台苹果、莱阳梨、烟台大樱桃，全国最大的绿色农业示范基地

(2)阳光的浪漫

——张裕葡萄酒、亚洲唯一国际葡萄酒城

(3)阳光的活力

——联合国人居奖、全国文明城市四连冠、中国最佳休闲城市、鲁菜之乡

“仙境”：神秘、厚重、人文

“海岸”：开放、美丽

“阳光”：生态、宜居

(三)拍摄执行

通过多维空间，虚实结合的镜头组接手段以及小切口大内涵的叙述方式，展现烟台丰富、立体、多元的城市形象，穿越在简单的表象之下，展现烟台的无尽魅力，创意设计富有张力，巧妙的镜头组接具有强大的画面冲击性，给人留下深刻印象。

三、作品展示

四、亮点说明

（一）创意

本宣传片具有灵动、淡雅、脱俗的气质，影片表达仙境与都市、休闲与浪漫、人文与风物三大主题。

1. 仙境与都市，如影相伴

神秘的芝罘岛、空灵的蓬莱阁、华美的三仙山、梦幻的仙山云海，都在传递“仙境”主题。

在此主题下，海风拂拂，海岛遥遥，城市秉性多了一抹空灵色彩。

“仙境”主题下林立的楼宇、现代的建筑、风情的街道、欧式的设计等，回应着城市美丽的生态格局，深刻反映了一个具有仙境色彩的现代化都市。

2. 休闲与浪漫，瑰丽相生

沙滩、冲浪、阳光、海岸，令人向往；

烟台的滨海属性，让海与城紧密相连，让人与自然紧密相连；

亲近阳光、亲近大海，都市人休闲与浪漫的心情，在烟台一触即发。

山、林、海、岛、城、水，处处洋溢着这个城市带给人的休闲、放松与闲适；时尚、休闲、灵动的人们，为烟台城市也增添了别样风情。

3. 人文与风物，动静相宜

灯塔的守望、烟台山的静默、朝阳街的印记、时间的遗存、风情各异的建筑，无一不在诉说这个城市上百年来的风云，是为静；

而这一切，随着自然丰饶的馈赠，鲜美的果蔬、跃动的海鲜、摇曳的红酒、火热的秧歌、质朴的剪纸……又在传递着生命勃勃的动感，是为动。

一动一静，感受历史，感受人文，感受生活，感受风物，令人认识一个充满魅力的海岸烟台。

（二）表现

基于对烟台“仙境”“海岸”“阳光”的深层次分析，通过由浅及深的叙述方式，展现烟台“神秘”“厚重”“人文”“开放”“美丽”“生态”“宜居”等多元城市面貌，串联起“烟台”“海岸”“阳光”背后所蕴含的自然禀赋、人文景观、旅游资源等深层次城市特点和城市内涵。

1. 内容与形式的统一

通过画面内容不断叠画转场，以及渐变特效的应用，完成烟台的古今对比，展示“仙境”“海岸”“阳光”背后所蕴含的丰富形象。

2. 设计科学，合理

小切口，反衬大历史、大景色、大产业、大城市，选取“仙境”“海岸”“阳光”代表性小事物为切入点，由浅及深，展现小事物背后所蕴含的烟台无尽的广度和深度。

仙境——海边水面镜像

海岸——古船

阳光——葡萄酒

3. 理念与艺术魅力

通过多维空间，虚实结合的镜头组接手段以及小切口大内涵的叙述方式，展现烟台丰富、立体、多元的城市形象，穿越在简单的表象之下，展现烟台的无尽魅力，创意设计富有张力，巧妙的镜头组接具有强大画面冲击性，必将给人留下深刻印象。

4. 影调

根据影片的结构，整体影调设计减小反差，阳光、绚烂，干净、灵动。以光影流动为主，辅以艳色、对比色点缀，这样经过光的塑造使演员融在场景里不突兀且显得层次分明，有饱满的立体感。加上摄影机的运动及演员的调度，使画面不呆滞、笨拙。画面不犹豫、不拖泥带水，构图不呆板。

5. 音乐

音乐设计是分层次的，以钢琴为主，现代感的编曲风格贯穿整个影片，轻快的、灵动的，在听觉上触动观众的感受，烘托影片画面，更具带入感。声效基于画面内的事物发声和画面外事物的声音补充加强，如海浪、水流、海鸥声等设计，环绕立体声的技术设计，多点位的声源使观众置身于场景中。

（三）拍摄

此宣传片区别于其他普通城市宣传片，亮点有三：

第一，将城市部分景观进行角色和场景设计，更加生动地表现城市性格、城市气质，将烟台时尚、前沿、包容、国际化的城市气质体现出来。这样设计除了表现城市看得见的景观外，又赋予城市景观一定的内涵，使影片更加耐看。

第二，空间特效转场的技术应用，把烟台的部分景观及人物用特效合成的方式巧妙链接在一起，例如将烟台老照片与现在的场景实现蒙太奇转场，使影片流畅，代入感强，增加影片的艺术表现力。

第三，本次影片丰富的摄影视角，除常规的地面和航拍外，还包括水下摄影技术的应用，在部分场景中使用水下摄影技术，比如在长岛海岸线、海底世界、沙滩等场景，让画面更加灵动，更加突出烟台阳光海岸的城市气质，使整体影片更有层次。

（四）传播

2017 年 4 月，“仙境海岸　魅力烟台”城市形象宣传推介会在北京举行，此版烟台城市形象宣传片亮相北京。

在“一带一路”国际合作高峰论坛召开之际，此宣传片荣登央视综合频道，入选“大美中国·丝路”专题，播出了《山东烟台 60》，烟台是 CCTV-1 继广州花都区之后第 2 家播发的城市。

（五）效果

通过本次宣传片拍摄，向人们展示了烟台全新的城市风采，让受众真实体验到烟台的城市发展和生活面貌，把城市中存在的商机展示给人们，对烟台的外来投资及城市旅游都起到了积极的意义。

展示出烟台“东方海上丝绸之路首航地”的优势，积极地发挥了建设“一带一路”海上丝绸之路排头兵和主力军的作用。

五、社会评价

（一）媒体刊登

1. 新浪山东频道

2017 年 4 月 17 日新闻，标题《烟台新版 2 分钟城市形象宣传片新鲜出炉　烟台美出新高度!》。

2. 胶东在线

2017 年 4 月 26 日新闻，标题《惊艳！烟台新版城市形象宣传片亮相北京》。

（二）客户评价

本宣传片按时拍摄并交付，严格按照合同执行，引起社会的热烈反响，得到了客户的一致认可和高度赞扬。

【相关案例链接】

城市宣传片对于城市形象的建构与塑造

城市形象是一个城市政治、经济、文化等实力的外在表现，同时也是城市综合竞争力指标评价体系的构成要素，城市文化正蕴含并体现于城市形象的建构之中。

城市宣传片通过对城市文化的总结和梳理，利用具体的视觉符号建构独特的城市形象。城市宣传片制作通过长时间、持续性的对城市形象的宣传，使受众对城市的固有印象在潜移默化中得到修正和改变，从而逐渐认同作品所展示的城市面貌以及蕴藏于其中的城市精神。根据传播诉求的不同，可以将城市宣传片分为城市宣传资料片、城市形象宣传片、城市旅游形象片和城市招商形象片。凝练城市的独特人文，准确表达城市的差异化定位，形成对城市理念的单一诉求，是城市形象宣传片的基本要素。

需要注意的是，城市的发展不是一蹴而就的，也不是停滞不前的，所以并没有一个静态的、恒久不变的城市形象摆在那里，等着人们去发现。城市形象宣传片的制作和播出应该配合城市的阶段发展步伐，体现城市未来的整体规划方针，并适时进行内容的更新和补充。

城市形象宣传片具有不同于“宣传”的特质：“第一，它们并不是试图去控制舆论和态度。时至今日，恐怕稍有媒介素养的人都承认，控制舆论和态度已然是‘不可能的任务’。城市形象宣传片的使命在于搭建一个可供生发各种意义的平台，让受众因势而动，各取所需。这就好比一家餐馆，它必须提供丰富的菜单以吸引食客，同时它能做的只是通过自身的食材、烹调技巧等努力让食客识别其特殊风味，从而形成对这家餐馆殊途同归的想象。第二，城市形象宣传片关注的不是‘直接操纵社会暗示’，而是力图改变环境的其他条件。这种改变的尝试，就是修辞。”

（来源：洪长晖：《城市形象塑造与对外传播——以杭州 G20 宣传片为例》。本文为浙江传媒学院戏剧影视研究院重点课题“中国梦影视的国际传播力提升研究”成果之一，课题编号：ZCXJYS15ZD01）

第二部分

品牌形象类

案例 1

“成象”设计的互联网思维

——一家设计公司品牌的网络营销案例

一、案例背景

成象是唯一服务过中海、保利、绿城、绿地等一线地产企业的山东本地室内设计公司，是唯一进入中国前 10 名开发商设计供应商名录的济南室内设计公司。成象在长期的实践过程中专注于样板间与售楼处设计，独创营销设计理论体系，提出“用设计有效提升样板间与售楼处业绩”理论，是一家致力于地产销售电商化研究的设计策划公司。

面对传统传播方式向互联网思维传播转变的大形势，成象也需要在公司发展战略中融入互联网思维，进行老旧品牌形象的升级及品牌内涵的提升与深化。新之航需要为成象完成空间设计案例、海报撰写、设计以及在互联网（主要是微信）上的传播，总经理岳总个人管理自媒体文章的规整、编辑、排版和运营，自研产品（止鼾枕）的形象、包装、传播等工作，其最终目的是基于互联网传播品牌，帮助成象利用互联网思维在互联网的大潮中自由遨游，完成品牌在互联网时代的升级与转型。

二、案例创意及创作过程

“左手一个诺基亚，右手一个摩托罗拉”的时代早已经成为过去，当初曾星光熠熠的明星企业也逐渐失去光辉并面临重重危机。在互联网迅速发展的今天，企业如何通过品牌塑造及升级，借助互联网大潮并成为弄潮儿，新之航助力成象塑造品牌，提高声量，也为室内设计公司提供了一种互联网传播的新思路。在传播创意和表现形式层面，新之航共提出了四种玩法，展示如下——

（一）先给品牌找准定位，大声告诉人们“我是谁”

基于成象在国内外室内设计领域获得亚太 IAI 中国风设计邀请赛亚太十

佳设计新锐、中国室内设计年度评选金堂奖、第十届金盘奖样板房类年度媒体推荐奖等多项国内外大奖，拥有充分的荣誉资质作为品牌背书。

成象坚持精进、务实、分享、自律的企业精神，致力于为客户打造一个个设计精品案例的做事态度。

结合以上优势资源和品牌经营理念，我们将成象定位为“只为家居乐趣而生的体验管理专家”。

（二）你做了什么不重要，重要的是用户体验了什么

听起来很玄乎，但其实很简单。在物质丰饶、个人基础物质条件满足的前提下，用户对产品的感知，已经不再满足于功能需求，而更多地追求带来极致的用户体验，我们要做的就是——超出用户的预期。

超出用户预期最简单直接的办法是高性价比。传统空间设计公司的案例就是堆砌一些样板间的照片，冷冰冰。而新之航为成象打造的是一种全新玩法，以情动人——为每间样本间讲个有触觉的故事。让每间样板间不再是冰冷的空间，而是有温度、有性格、有灵魂、有故事的价值空间。

作品：《橄榄树之恋》

文案：

藏蓝色墨水的信写给穿白衬衫的他，悄悄掩在他那本《瓦尔登湖》里，希望他看见，又愿他错过。黄昏时他在湖边低着头拨弄吉他，青草味的凉风替我拂过他的发，夕阳啊你慢慢地沉，时间啊你慢慢地淌，请给岁月以温柔，给我以阳光，在一汪湖水处，纵情好时光。

作品：《一杯夏日的莫吉托》

文案：

虽是角落，却也要有美学的范儿。

墙上承载着各自故事的照片，像一本生活日记，让家更有温度。

朦胧感的透明隔断，将空间感和现代感升腾起来。

作品：《Mrs Paris——嫁给巴黎的女人》

文案：

18岁，登上去巴黎的飞机，开始了一个人的留学生涯。26岁，学成归来，从女孩蜕变成女人。塞纳河畔的生活，赋予她独特的气息。职场10年，从菜鸟到高管，升职路上，容不下太多的法式慵懒。而今千帆过尽，云淡风轻，面对生活，依然有执拗的态度。她还是最爱卢瓦尔河畔的红酒，偷得浮生半日闲的时候，也会为自己煮一壶 espresso，而 j'adore 香水的气

味，已是戒不掉的瘾。命中相伴，遂成习惯，未来有期，以自由而骄傲的姿态，做一个永远的 Mrs Paris.

作品:《先生的墅》

文案:

先生的世界很有趣，容得下万种风情。先生追求感觉，也热爱艺术，先生走过的地方不计其数，心也成了一座装得下世界的城。

先生的生活触手可及，安静憩息时，家是筑起心底里的一座堤岸，沉默却坚实；激情昂扬时，家又变作了咖啡的焦香和海洋的壮美，华丽又包容。在这个空间里，随时随刻，各生欢喜。

（三）学会社群运营，“有趣”“好玩”是核心

都说如今是一个粉丝经济时代，大家追求更多的是“有趣”“好玩”。所以社群运营核心之一就是如何让用户感受到“趣味”。

我们利用专业空间设计行业网站马蹄网来进行招聘、吸粉，用好玩的东西击败竞争者，获得一呼百应的效果。成象在马蹄网上甩出一个“成象十月自嗨趴，组团炫技来一发”的活动，一周时间，网友们便以无限的热情投入到这次嗨趴，帮助成象分分钟上了头条，三天之内 QQ 群增员 200 多。

1. 活动《成象十月自嗨趴》

有史以来最惊喜跨界合作，硬装＋软装全案展现。成象内部自由组队，直男软妹，干活不累！从自嗨到群嗨，大神与成象软装妹纸组队来战。神秘嘉宾横空出世，STAR 光辉闪耀！至 in 至 high，闪光灯已严阵以待，首场全案自嗨大趴即将开幕！求围观，求参与！

2. 策划《成象杯——“家有呼噜娃”大比拼》推广止鼾枕

“呼噜娃，呼噜娃，风吹雨打都不怕……”预备，唱！

你家是否有个让你神经衰弱、无法安眠的呼噜娃？你枕边的那个 TA 一到黑夜就变身小喇叭？

你是否一直苦恼于总在熟睡中被鼾声吵醒？可是你知道吗，长期打鼾其实对打鼾者的危害更大！打鼾是一种睡眠呼吸暂停综合症，它会影响人们的氧气摄入量，夜复一夜，年复一年，支离破碎的睡眠，使氧气摄入明显减少，身体各重要部位缺血缺氧，会诱发各种严重疾病。

现在拯救你和 TA 的机会到了，我们是来自未来的深眠使者，现在正在搜集地球人的呼噜。当我们集齐 101 个样本后，就可以召唤出止鼾神器，还你深度睡眠，还 TA 健康睡眠。

想要拯救自己的睡眠，让呼噜娃华丽变身安静的睡美人吗？快快录下 TA

的呼噜声发给我吧！

这不是玩笑，这不是玩笑，这不是玩笑（重要的问题说三遍）！凡是向我们提交呼噜声音的朋友，均会得到我们送出的精（jīng）美（xià）礼物一份，当我们的止鼾神器面世后，还有机会成为我们的首批天使用户。

（四）忘记营销，这是一个传播的时代

营销与传播的区别是：传统的营销路径是先告知、再购买、后沉淀忠实用户；而传播的路径是先打动忠实用户，再让用户扩散，然后沉淀更多的忠实用户。

所以我们理解的传播只有一个衡量标准：用户会不会主动帮你二次传播！怎样才能做到帮你二次传播？怎样才做到“谁用谁知道”？这里面，有趣、多才、任性是核心，品牌就是要够个性。我们不仅将成象总经理打造成为成象品牌代言人，展现品牌的个性，同时还制作出一系列海报传达品牌精神和理念，打动消费者，提升口碑，促进二次传播。

作品：《热爱之名人系列》

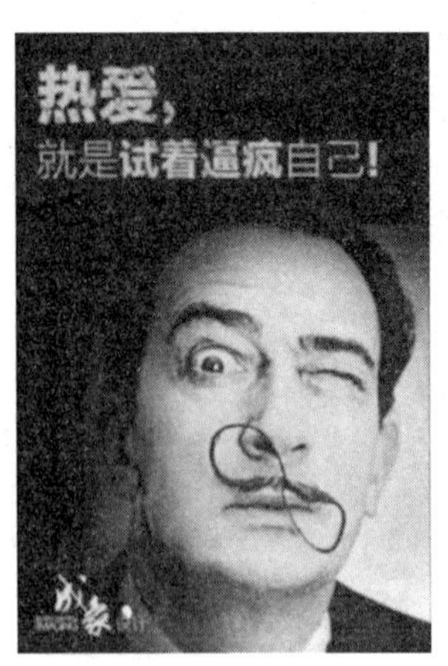

作品：成象总经理岳总的“标签”墙

海报：

作品：品牌海报系列

文案：

● 我是名设计师，我用思考和设计向世界说话

——思考给了我找到自我的机会，而设计成为我表达自我的方式。很多人认为“设计”就是描描画画，但对我来说，“设计”是丈量世界的方法。我是屌丝一枚，我为梦想思考，为未来写写画画。

● 我很简单，只想和一群聪明人在一起改变世界

——人只活一次，而且逾期不候。我们每个人都是独一无二的生命个体，但为什么有人会变得市侩和犬儒？为什么不能靠真善美来改变这个世界？哪怕只是一点点！不需要跪舔，也不必冲着谁修炼情商；无需费尽心机，更不用扭曲人格、泯灭个性以获取资源。成事，只需干干净净，简简单单。

● 要么我倒下，要么更强大

——你既然求雨，就要忍受泥泞；你若发愿让自己变得更好，就要忍受磨难；倘若你真的知道生命只有一次，就不会忍受苟且。我们不能一边嘲笑那些庸人，一边作同样的选择，你要知道，那些战胜不了的终会成为你奋起的动力，这是成长的代价。

● 探索世界，设计才有快感

——设计这个事要是当工作来看，真是世界上最糟糕的职业，但若要当作一个 hero 级的游戏来经历，那真是世上最美妙的事。所以，把设计拿来当工作你做不了太久，只有把它当作一种探索世界的工具，才能有足够的快感让你坚持到最后。

● 与其更好，不如不同

——世界很大，但你以为所知就是全部；巨头怎么做，你就怎么做，做一样的事情，你以为比别人勤奋，比别人有效率，比别人执行力好，就能胜出，结果往往事与愿违。即使能并驾齐驱，也不过是在别人的轨迹上过活，要么唯一，要么第一，与其更好，不如不同，智慧比勇气更重要。

● 这个世界没有风格，只有个性

——个性是我们与这个世界相处的方式，有些人，他们离经叛道，特立独行，他们桀骜不驯，与众不同。他们是大众眼里的异类，因为这个世界上多数人都是循规蹈矩的；他们不随波逐流，他们只是个性相吸，来吸引同道中人。世界需要个性化的疯狂。

● 设计公司的本质，就是生产新认知

——追本溯源，事情都会变得极其简单，设计是对生活的诠释，传递思

想和能量;设计是对已知的再创造,颠覆传统。在平淡中创造惊喜,在荒芜处开辟出路,设计就有这样改变的力量。

● 世界上,有种伟大的力量叫不服

——在这个梦想泛滥成灾,而现实残酷成霜的时代,执着,现实未必买账,是什么力量让你一次一次不怕失败?战胜那些藐视你的牛鬼蛇神?也许每个人骨子里都有一种不服输的劲头,是跌倒谷底后再战巅峰的勇气,是被世界孤立也绝不迎合的魄力,这个世界,最伟大的力量就是不服。

● 自始至终,不忘初心

——我们平凡但不平庸,我们友善但不随和,我们野蛮但不鲁莽,一物、一图、一色彩、一造型,每一处微小的设计心思都可能被无限放大,我们不敢不敬畏,不敢不尽心,努力而不辜负,自始至终,不忘初心。

三、社会评价

对品牌而言,《给设计公司做品牌网络营销:用互联网思维包装、传播“成象”设计》案例获得 2015 年中国企业领袖与媒体领袖年会·影响中国年度创意传播金奖,极大提升了品牌的声量和社会认知度。

对用户而言,故事化的设计理念和主题活动更好地提升了代入感,打破传统营销的单一性,赋予品牌拟人情绪的同时可以更好地和消费者沟通交流,拉近双方关系,提升品牌口碑。

对行业而言,新之航为成象提供的年度传播服务,成功帮助成象品牌塑造出鲜明的品牌个性,跳出传统设计公司的营销方式,从同行中脱颖而出,成为行业内独树一帜的品牌领袖。

(案例来源:济南成像设计有限公司)

案例 2

一个德国企业的中国风

——奥蒙德中国区域品牌形象设计方案

一、案例背景

奥蒙德是全球运输和储存磨蚀性或多尘性高温散装物料领域的专家和先锋。50 年前,奥蒙德交付使用了第一台用于熟料装卸作业的盘式输送机,从此奠定了其在水泥及相关行业所有散装物料运输和存储领域的公认领袖地位。作为一个外资企业,想要进驻和扎根中国市场,国际品牌形象如何与中国市场本土化结合,在新的传播环境下推广成为一个新的课题。

二、广告创意前的本土化思考

当今“全球互联”已经成为资源整合的趋势,“全球化思维,本土化行动”已成为众多跨国品牌的共识。从宏观层面来看,品牌需要拥有国际视野,从战略层面占领传播制高点;从微观层面着手,亦要有灵活的进入特定目标市场的策略,以适应当地市场环境。国际品牌特定市场的本土化策略不仅仅包含生产制造、人力资源、营销管理、资本运营、技术研究、开发等方面,产品品牌形象本土化也尤为重要。

(一)产品研发本土化

从产品层面,跨国品牌会定向研发针对中国消费群体的本土化产品。例如宝洁在大品牌战略下,通过功能细分进行本土化转变,研发系列产品。以洗发水为例,海飞丝宣扬“去头屑”,“头屑去无踪,秀发更出众”;飘柔突出“飘逸柔顺”;潘婷则强调“营养头发,更健康更亮泽”;沙宣则是“专业美发”等。这样的本土化转变既满足了不同消费者的不同需求,同时又提高了市场占有率。

（二）人力资源本土化

同样以宝洁为例，进入中国市场后，一直坚持从国内知名大学招聘优秀人才。通过校园人才招聘、人才内部提升、人才培训与人才激励等战略，使得宝洁品牌在我国尤其是年轻群体中深入人心并获得良好的口碑。

（三）品牌本土化

品牌本土化，就是使品牌富有本土的文化内涵。品牌是文化的载体，品牌价值的实现和传递除了体现在商品上，更体现在品牌形象、具体的产品包装、名称、广告等环节上。例如，“Coca-Cola”为抢占中国市场，在中文译名上曾煞费苦心，“Coca-Cola”公司特请在伦敦任教的精通汉语语言文字、深谙消费者心理的华裔设计师来设计中文译名，经过反复的碰撞，终于将中文译名确定为朗朗上口、具有产品属性导向的“可口可乐”，从而加速了消费者快速接受品牌和购买产品的节奏。

跨国品牌要想立足于本土市场，需要从地域性的审美诉求和价值观切入，挖掘地域性的显著特征，营造与本土市场价值观一致的品牌体验。而打造跨国品牌本土化的核心，是品牌形象本土化的构建与文化价值的传递，有没有好而鲜明的本土化品牌形象，是衡量一个跨国品牌摆脱“水土不服”的重要评价指标。消费者往往一看到这些品牌，代表品牌的独特图像就会自动浮现于脑海；而运用合适的视觉形象，可通过联想得到期望赋予品牌的价值。

德国奥蒙德集团作为拥有近百年历史的制造企业，要想进行“全球化战略”，进入中国市场，消费者直观感知最明显的是跨国品牌的营销本土化，而进驻中国市场，品牌形象的打造则成为打入市场的重要手段。项目组建议必须在品牌形象方面进行本土化融合，但这也需要一个契机。经项目组和奥蒙德方面多次研究讨论后确定，将奥蒙德公司 90 周年庆和旗下慈善基金组织作为进入中国市场的关键点，借此机会宣传符合本土化审美与价值观的品牌形象，助力顺利进入中国市场。

三、奥蒙德中国市场广告创意的定位策划

（一）奥蒙德广告创意定位策划

总定位	散装物料运输和存储专家。
核心卖点	提供更加专业的客户服务。
奥蒙德品牌战略定位	来自德国，服务中国。 奥蒙德为一个拥有近百年历史的德国品牌，德国母公司为中国分公司提供了丰富的管理经验及先进的技术支持。 同时，奥蒙德中国分公司以自己的不懈努力，真诚为中国客户提供优质服务。

续表

奥蒙德品牌之目标市场定位	在未来，首先扎根于京津冀地区，并力求不断辐射周边地区，以服务全国范围内的散装物料运输和存储为市场发展目标。
奥蒙德品牌之消费群体定位	磨蚀性或多尘性高温散装物料企业，以水泥生产企业为重点目标。
奥蒙德品牌之产品形象定位	高品质、高附加值。
奥蒙德品牌之品牌形象定位	不断进取，勇于创新； 更专业，更卓越； 专注细节，做到极致； 真诚服务，高质服务。
品牌发展愿景	打造全国范围内的散装物料运输和存储行业领导品牌，进一步扩大企业影响力。

（二）解读定位：散装物料运输和存储专家

消费者视角：从消费者角度来看是对选择运输和存储散装物料企业决策的导向。

奥蒙德视角：从奥蒙德角度来看，是对奥蒙德自身地位的提升，是该行业领域内的“专家”。

（三）解读品牌核心卖点——提供更加专业的客户服务

奥蒙德拥有来自德国母公司的技术及资金支持，为实现高质服务打下了良好基础。

另外，奥蒙德具有优秀的工程师团队，可为顾客提供更加及时周到、更为专业的咨询服务、合同管理、本土化制造、售后以及现场服务等客户支持。

四、广告表现

广告创意要符合现阶段奥蒙德在中国实现本土化发展的期许，同时兼顾企业本身具有的气质。奥蒙德作为一个典型的德国企业，做事态度严谨，德国人对技术和质量的严谨程度近乎严苛。

奥蒙德遵循稳健的发展策略：公司内部组织结构稳定、人员数量和构成稳定、产品稳定、市场规模稳定。

因此，对奥蒙德的企业精神我们选取了“创新”“专注”“细节”“品质”四个方面作为主题，文案内容契合主题依次展开：

1. 主题及文案

标题：“创新传递价值”

文案：不仅体现奥蒙德90年的积淀，而且突出了历久弥新的特点，90周年只有起点，没有终点，“创新”更显对中国市场的不断进取与发展，“创新”让奥蒙德与客户实现双赢共赢，“传递”二字暗喻“输送带”，表现了企业的行业、功能属性。

标题：“专注成就卓越”

文案：体现企业“求精不求多”“求专不求杂”的特点，仅致力于散装物料的处理技术，因为专业，所以卓越。

标题：“细节决定成功”

文案：体现企业“不仅求专，而且求细”的品质，把细节做到极致，实现精细化作业、精益化运营管理，迈向成功。

标题：“品质铸就至臻”

文案：体现了企业“真诚服务、高质服务”的特点，用高品质的服务不断追求完美。

2. 德国奥蒙德企业90周年LOGO组合

创意设计源于“德国严谨之风与中国中庸之道，德国科学与中国传统的融合”，以潇洒飘逸的中国书法绘就栩栩如生的“9”，用精确计量的德国科技量化出“0”，彰显90周年的历久弥新与辉煌历程。

创意设计坚持“只有起点，没有终点”的企业追求，90周年是新的起点，是一段拼搏发展的记忆，将“9”“0”具象化，设计成标点符号中的逗号“，”与句号“。”，象征不断攀登、勇于进取的企业精神。

将“0”以可计量的展现方式，拟象化为树木的“年轮”，每一圈代表10年，共9圈，象征奥蒙德90年的发展；拟象化年轮犹如奥蒙德机械的转动，寓意机械不停地转动、驱动企业快速发展。

90周年标志的圆润与奥蒙德企业LOGO的坚毅相辅相成，既体现中国元素，又结合德国特性，将两国文化融入LOGO中。

3.形象广告画面

标题：创新传递价值

文案：

奥蒙德，创立于1922年。
90年来，我们仅致力于散装物料的处理技术。
如果每一剪，
可以创造一个不凡的世界；
那么我们每一次尽心地输送，
足以引领一场行业革命。
奥蒙德，来自德国，服务中国。

标题：专注成就卓越

文案：

奥蒙德，创立于1922年。
90年来，我们仅致力于散装物料的处理技术。
如果每一刀，
可以篆刻一个朗朗乾坤；
那么我们全神贯注的眼神，
足以开创一片辉煌的新天地。
奥蒙德，来自德国，服务中国。

标题:细节决定成功

文案:

奥蒙德,创立于 1922 年。

90 年来,我们仅致力于散装物料的处理技术。

如果每一笔,

可以谱写一页华彩篇章;

那么我们每一个转动的齿轮,

足以驱动工业帝国的运转。

奥蒙德,来自德国,服务中国。

标题:品质铸就至臻

文案:

奥蒙德,创立于 1922 年。

90 年来,我们仅致力于散装物料的处理技术。

如果每一针,

可以绘就一幅壮美画卷;

那么我们真诚服务的背影,

足以感动追求完美的你。

奥蒙德,来自德国,服务中国。

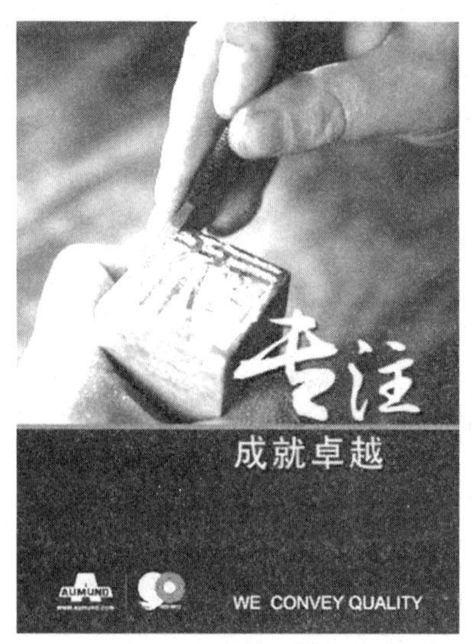

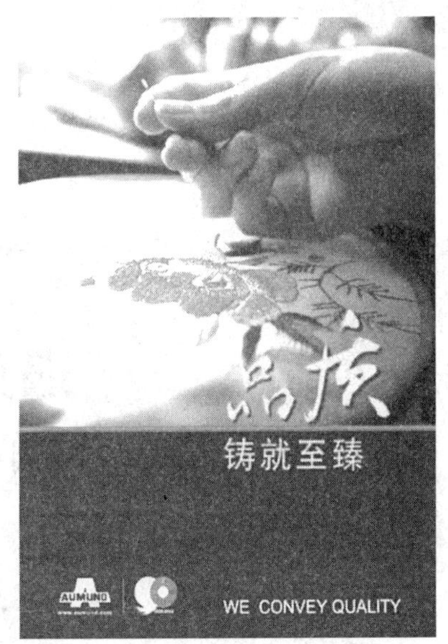

4. 奥蒙德慈善基金组织 LOGO

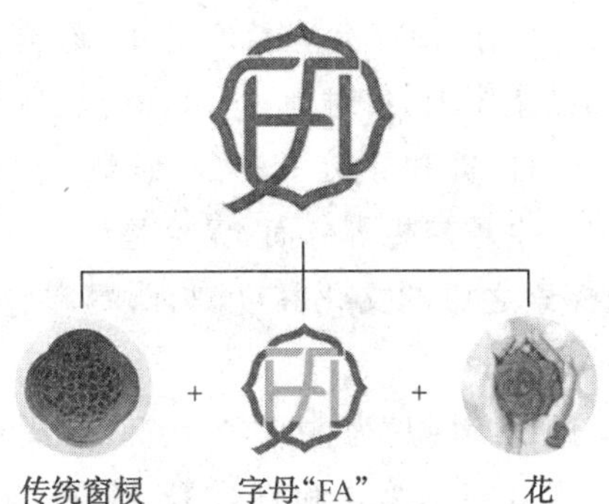

释义：四个心尖形状围绕成中国传统窗棂图案。同时整个图形构成绽放的红玫瑰，寓意：“予人玫瑰，手有余香。”符合慈善基金组织的初衷。

奥蒙德慈善基金的 LOGO 由四个心尖形状围绕成中国传统窗棂。同时整个图形构成绽放的红玫瑰，寓意“予人玫瑰，手有余香”。符合慈善基金组织的初衷。

［案例来源：德国奥蒙德机械贸易（北京）有限公司］

案例3

遇见极美

——贵和购物中心20周年南北极主题展广告创意设计

一、案例背景

济南贵和购物中心成立于1997年，至2017年，跨越20个年头。贵和购物中心是泉城济南的奢饰品集中地，集时尚、艺术、潮流、高雅于一体，优雅从容地彰显极致品质。这20年间，贵和经历了柜台、形象、品味的全方位蜕变，在高度、意志、匠心、坚守、追寻卓越梦想等方面，无论是倾尽全力的付出还是甘之如饴的收获，都与南北极探索之旅的文化高度契合，贵和坚持梦想的态度与南北极探索之旅的意义一拍即合。

山东新之航传媒集团以“梦想”为主题，为贵和20周年量身打造的“贵和南北极艺术展”登陆泉城，本次美陈为贵和打造IP概念，为泉城济南带来一场关于“梦想”的视觉盛宴，为泉城人奉上关于“梦想”的精神食粮。

二、创作过程

2017年1月，贵和购物中心20周年南北极主题展项目正式启动，新之航采取跨部门合作、多部门联动的模式，迅速组成项目组。经过搜集素材和多番开会讨论，确定了两个方向：A. 手绘插画，制作富有卡通感的作品，利用漂流瓶作为媒介，传达“企鹅爱上北极熊”的故事情节。B. 采用更富有设计感和艺术感的作品，选取南北极最有代表意义的元素，制成艺术作品。两个方向用2个多月的时间进行多次完善，客户最终在3月份选定第二方向。确定了设计风格和方向之后便进入紧张的设计制作阶段。“慢工出细活”，但此次项目的要求是：时间紧，活要细，工却不能慢。经过3个月设计、修改、定稿、日夜赶工地制作，终于在6月份，美陈展登陆济南。

三、创意设计

四、案例亮点

(一)以美陈形式打造IP形象

IP形象选用萌态可掬的两极代表性动物，将南北极探索之旅的极致梦想追求与贵和的极致生活追求充分融合在一起，围绕梦想主题，打造极致文化IP概念。

美陈——美术陈列的简称。将产品元素占据一定空间使其具有可视形象以供欣赏的艺术。美陈产品主要通过它的材料、造型、颜色三方面来体现艺术设计理念。为了某种特定的需要，通过艺术创造，公开而广泛地向公众宣传。美陈设计是艺术家帮助企业占领市场，推销产品，树立品牌，扩大知名度的重要形式。

IP：Intellectual Property的缩写，汉译为“知识产权”，是一种无形的财产权，也成智力成果权。它是指通过智力创造性劳动所获得的成果，并且是由智力劳动者对成果依法享有的专有权利。这种权利包括人身权利和财产权利，也称之为精神权利和经济权利。

新之航团队以美陈形式为贵和打造IP概念，在济南乃至山东可称为第一次，将南北极探索旅行文化中，对于“梦想”的极致追求与贵和的极致生活追求融合在一起，用艺术和文化的力量为贵和打造高端品牌，促进贵和文化传播。

(二)以梦想为主题

主题——“梦想”，相比于“幻想”，它更加实际；相比于“理想”，又多了几分梦幻。它精准传达了贵和购物中心坚持梦想的态度，同时传达南北探索之旅的梦想信念。贵和购物中心——坚持梦想20年，实现质的飞跃与完美蜕变。她承载了泉城人精致生活、优雅品味的购物梦想，也在自己的追梦之路上砥砺前行，不断探索。南北极探索之旅——也可以称之为“梦想之旅”，目标一旦确定，脚下勇往直前。有太多人坐在格子间里，拼搏在职场当中，奋斗在生活里，怀揣着远行的梦想却无法实现。而南北极探索之旅将这一梦想化为一件件美陈作品，照进现实。“梦想”这一主题，将贵和坚持梦想的态度和南北极探索之旅的梦想信念深度结合。在另一个层面，更高层次升华了贵和 20 年的成就，变平实行为为战略统筹行为，变小众认知为大众主流，同南北极探索之旅一样，心中有梦，脚下有路，探索前行。20 年梦想坚守，成就贵和；南北极穿越旅行，完成梦想。

（三）活动亮点

▲还有来自南北极点的邮戳，来自远方信使的福在等你。

本次展览致力于为贵和 20 周年造势，因此活动场地的安排分为购物中心场内和场外，场内的企鹅萌态百出，受到客户和观众的一致好评。场外活动中有两大亮点，首先是邀请到商界和艺术界的名家与山东鲁能贵和商贸有限公司领导一起，采用触屏启动的方式，结合科技元素，用震撼的视觉效果为活动启幕。这一活动无论从视觉上还是从形式上都创新性地突破了以往传统启幕仪式，仪式感更强，活动也更吸引人的眼球。

其次是现场发放来自南北极的邮戳盖章明信片，南北极很远，但明信片上的邮戳如同一位来自远方的信使，以约定的方式为收藏者祝福。梦想很远，但贵和与我们一起坚持，同样以约定的方式共同实现。

（四）设计亮点

美陈展中所有的展出品都采用富有线条感和设计感的横切面制作工艺，所有的动物都没有眼睛，但是神态却异常传神——梦想本应在心中，以心传神，而不应仅仅在眼睛里，眉目传神。

南北极的风景很多，在设计过程中，新之航团队的设计师选取了其中最具有代表性的几个元素，将其以震撼的视觉效果呈现在大家面前，从视觉审美和寓意审美两方面将贵和购物中心 20 年与南北极探索之旅深度结合。

1. 北极熊

北极熊是世界上最大的熊，北极标志性动物。此处的北极熊高达 5 米，巨型北极熊张开双臂，萌态中透露出一种威严和霸气。展览中用北极熊表达人类对自然的敬畏。随着地球变暖，北极熊赖以生存的冰川与浮冰越来越少，它看上去憨态可掬，但其实很凶悍，有你不能侵犯的底线。这一设计获得了大众的一致好评，大家在参观时，无形中感受到这种敬畏，对于感官极致的表达，是贵和购物中心和南北极探索之旅共通的目标。

2. 神奇的冰洞

冰洞又称“蓝冰洞”，天然形成。此处的冰洞是北极冰洞的复刻版，清凉的配色在炎炎夏日为泉城人撑开一片清凉。

3. 难以捉摸的北极点

时光穿越之点，昨天与今天在这里无缝切换。对于时间的寓意，符合贵和购物中心 20 年时间的跨越，变的是时间，不变的是初心。

4. 爱自由的冰山

漂在海中的山，自由是它的独特属性。

5. 不断变化的南极点

地理的极致，既无方向也无时间。以此无极限的极致，寓意贵和购物中心的极致梦想永无极限。

五种元素的设计和运用，每一种都寓意深刻，全方位打造贵和品牌文化。

（五）制作亮点

在制作工艺上，所有美陈作品均采用高造价的玻璃钢材质，仅美陈作品模型成本耗资就达几十万。客户高要求，新之航严要求。此次美陈作品制作，想要呈现出作品传神的形态，对于喷漆工艺的要求非常高。整个喷漆过程需要几十道工艺，无论是巨大的北极熊还是小企鹅，每一个模型都需要分部位单独上色。此外，对细节的处理更需要精致到位。

从整体的把握到细节的处理，整个制作过程需要多位富有经验的手工艺人和设计师层层把关。在制作工艺上，秉承着贵和一贯的极致要求和新之航对于艺术的专注，模型精雕细琢，喷漆精益求精。

五、传播效果

贵和20周年美陈艺术展一经开幕，便吸引了大量观众。时值炎热的6月，济南作为曾经的四大火炉城市之一，人们在烈日炙烤下意外获得一片清凉之地，冰与火，梦想与旅途，贵和与南北极就这样完美结合在一起。现场很多人在这些美陈作品面前拍照留念，活动现场陈列的南北极风景明信片被观众大量收藏。此次活动不仅受到当地观众的认可，还吸引了很多外国游客。他们纷纷表示，贵和20年美陈艺术展，在火热的6月，竟然能让人们仿佛身临南北极一般，这不仅仅是一种艺术展览，更是一种极致体验。

美陈艺术展以新颖的形式与超高的人气，为贵和品牌打造和文化传播带来非常好的效果。客户方和新之航团队都在第一时间发布了关于美陈展的新闻，美陈展的关注度持续走高。

此次IP展在济南乃至山东，都是首次举办，意义深远。它不仅是一次南北极点主题展，更是引领人们对梦想进行探索。此次展览持续发酵，在活动过去两天后仍然维持着居高不下的人气，现场观众络绎不绝，很多小朋友与美陈作品互动拍照。

六、社会评价

贵和购物中心20周年南北极主题展开幕后引起极大的社会反响，甚至吸引了山东鲁能足球队知名球员佩莱及妻子前来观看，并在冰洞内亲密留影。佩莱妻子还特意发朋友圈称“回家了”，亲切中透露出对济南这个城市的喜爱和对此次观展的满意。

除此之外，一些没有亲临现场的观众，几乎可以在朋友圈里了解整场活动，因为活动启幕当天，打开朋友圈会发现“满屏尽是北极熊”，观展的观众们纷纷发图文，祝贺贵和购物中心20周年。贵和购物中心用20年时间陪伴大家，南北极探索之旅中的旅者用100天的时间穿越地球南北，无关乎时间长短，同样都在梦想这条路上不断前行。

（案例来源：贵和购物中心）

案例 4

温暖的人保

——中国人民保险(PICC)整合营销传播

一、案例背景

中国人民保险集团股份有限公司(简称“中国人保”)是一家综合性保险(金融)公司,世界五百强之一,是目前世界上最大的保险公司之一。目前旗下拥有人保财险、人保资产、人保健康、人保寿险、人保投资、华闻控股、人保资本、人保香港、中盛国际、中人经纪、中元经纪和人保物业等10余家专业子公司,中国人保还持有中诚信托32.35%的股权。

中国人保拥有深厚的历史底蕴和杰出的品牌优势,具有良好的社会形象和商业信誉。作为国内最大的保险公司,中国人保与共和国同生共长,先后为三峡工程、岭澳核电站、中国航天、青藏铁路、国家大剧院等国家重大工程提供优质风险保障,为国家经济建设做出了积极贡献;同时,从工矿企业、交通运输、农业生产、对外贸易等经济社会重要领域到关系百姓的人身保障、机动车辆、“菜篮子”“米袋子”工程等,覆盖和渗透到民生的各个领域。中国人保是2008年北京奥运会唯一的国内保险合作伙伴、2010年上海世博会全球唯一保险合作伙伴和2010年广州亚运会保险合作伙伴。

但随着互联网的不断发展及数字化技术的提升,国内消费主力军逐渐趋向年轻化,中国人保经历历史沉淀的品牌形象已经不再符合现有消费客群的审美;互联网技术的变化极大地影响着传播渠道的变革,“新媒体”“自媒体”“全媒体”等概念出现,而当时中国人保还未适时调整传播方案,传播渠道滞后,宣传语境趋向固化,消费者观念和行为的变化以及市场环境的改变促使中国人保必须及时调整自身品牌宣传战略方向和战术落地。

二、市场调研

中国人保66年的品牌积淀，品牌形象是否符合现有客群年轻化的趋势？随着新媒体的发展，触及客群的载体及渠道发生了新的变化，人保如何整装待发？现有媒体、宣传、规划是否符合客群、业务的发展？本次项目主要是针对中国人保山东省分公司，地域性也成为本次项目的重点考虑因素。项目组带着以上提出的三个问题，结合线上问卷、线下走访调研方法，主要从消费者、品牌、产品、传播渠道、传播效果、媒体接触点、竞争环境等多方进行调研。

三、品牌传播分析

综合线上调查问卷数据分析、线下走访资料整理分析、SWOT分析等，针对中国人保得出以下分析结果：

（一）品牌资产指数与市场份额匹配程度——PICC品牌力量与市场份额存在一定差距

由于广泛地域的渠道覆盖和市场销售能力，PICC在市场份额中占有更大比例，目前品牌发展弱于市场份额，品牌的拉动力量尚未释放，品牌建设尚有一定空间。

（二）品牌接触点分析——官网和广告效果较好，但营业厅、新媒体等较薄弱

在各类品牌接触点中，消费者对官网、业务员及广告的印象优于其他触点，但新媒体和营业厅较差。

（三）品牌形象地图——需塑造独特性，寻找机会点

在消费者中，中国人保、中国平安、太平洋保险三大主要车险公司的品牌形象各有特色，存在明显差异。其中，消费者认可的人保品牌形象主要集中在“实力强大”“服务效率高”“值得信赖”“有社会责任感”等方面。与此同时，我们发现，“以客户为中心”“服务专业”“人性化”“年轻化”等形象还没有被任何公司体现，这将成为未来保险品牌的机会点。

（四）品牌健康诊断——人保品牌健康

项目组采用品牌健康度模型分析发现，人保品牌从考虑到购买的转换率为57%，低于其他转换率，形成较为突出的短板。同业比较，人保在品牌发展的整体态势上具备一定优势，但人保品牌的第一提及率及比例落后平安较多，如何在消费者心中真正占据品牌优势，让更多的客户提到保险就首先想到人保，如何加强广告与媒体投放以提升品牌印象，这将是人保今后品牌工作的重点。从考虑到购买的转化，产品服务等因素和品牌传播因素均需要协同努力进行改善。

（五）媒介投放调研——多样化、渠道化

基于2011～2014年中国人保的媒介投放数据发现，广告的投放形式呈现出多样化、一致化的形态，媒体选择在报纸、广播和户外等传统媒体之上，增加了电销直投、网站楼宇、大屏等形式。其中电销直投整体比例超过50%，充分体现出宣传为业绩服务的原则。

（六）当前保险行业格局分析

宏观政策层面，“网络化”“数据化”成科技发展趋势，“知识化”“年轻化”客户群体走向明显；行业竞争层面，人保、平安、太平洋三家成行业巨头，其他保险公司紧随其后，竞争激烈；市场机会层面，各家保险公司开始拥有充分自主的厘定费率权限，拥有创造差异化产品的机会。

（七）人保品牌SWOT分析

Strength 优势	Weakness 劣势
历史悠久，客户信赖度高； 领导型的行业地位； 拥有显著的品牌声誉和知名度； 丰富全面的产品，良好的服务口碑； 便利高覆盖率的网点； 理性亲和的品牌形象。	宣传力度不足； 对网络营销和新媒体手段利用缺失； 品牌差异化不足； 品牌个性不够鲜明，受品牌调性的局限； 与竞争品牌产品同质化程度高； 价格优势不大。
Opportunity 机会	Threat 威胁
商业车险费率市场化改革带来的新市场变动和更多的消费者关注； 日益扩大的车险市场，尤其是“知识化”“年轻化”的客群市场走向带来更多机遇。	两大竞争对手夹击，平安保险突出其“专业”和“价值”，太平洋保险具有价格优势。

四、整合营销传播思路

经过前期的调研与诊断分析，项目组发现中国人保品牌自身具有优势和竞争力，但市场严重同质化，以及自身散点式的传播模式，营销精准度不足，广告投放方面多为传统媒体，忽视了网络媒体以及异业合作等。据此，项目组提出针对中国人保的精准化营销方案，主要从消费者细分、广告创意、媒体宣传、事件与公关创新方面着手，把握“大品牌”“差异化地域化”“多元传播”“层级传播”“互联网思维”五大关键点。具体如下：

（一）强化品牌联想

凸显行业大品牌地位，强化“可信赖、及时、有保障”的品牌联想。

中国人保具有60多年的品牌积淀，应发挥人保大品牌优势，突出品牌的可信赖感，强调“大品牌，服务好，有保障”的传播诉求，且保持公司品牌形象对外的统一性。

以人保车险为主要品类带动，打造车险增值服务品牌，优化服务品质，打造服务品牌，树立行业标杆，提高人保的品牌知名度和美誉度，并增强客户黏度和品牌忠诚度。

（二）差异化传播

创造差异化传播机会，在传播策划中注入山东地域文化元素。

一方面从品牌层面打造差异化，形成市场竞争优势，掌握主动权。另一方面，在人保品牌调性的统领下提炼不一样的差异化诉求，形成具有山东地域特色的整合营销传播方式，在视觉设计、活动设计等方面，融入山东地域的特色，让山东客户产生亲切感，与人保其他地市分公司形成差异化。

（三）多元化传播

形成自媒体、传统媒体与新媒体相结合的多元传播格局。

重视自媒体传播，在传统媒体投放的基础之上，着重运用网络媒体及大数据手段，形成传统媒体、网络媒体、自有媒体、线下活动、口碑传播等多元化渠道方式。

重视与异业自有媒体的合作，如汽车4S店、汽车美容店等，加强客户数据管理，多方面增加客户黏性。

（四）层级传播

基于消费者细分的层级传播策略。

根据可衡量性、可盈利性、可进入性和差异性的原则，将消费者进行细分。针对不同群体的不同特点，制作不同的广告，达到最有效的传播效果。

在消费者调研环节，项目组将“60后”～“70后”“80后”“90后”群体用简练的词汇进行描述：

“60后”～“70后”——踏实、进取、坚持（品牌感受：值得信赖的老朋友）

“80后”——责任感、勇于担当（品牌感受：可以依赖的朋友）

“90后”——细致、周到（品牌感受：随时可相伴的伙伴）

（五）互联网思维

运用互联网思维创新事件营销与公关传播。

借助热点事件、热点话题（如沉船事件后人保赔付），策划事件营销或公关活动，运用互联网思维进行营销传播，抓住基于“人保总体品牌形象的美誉度提升；人保车险的产品形象、服务形象提升”传播目标的策略点和基于“受众”互联网思维的策略点。

五、2015～2016年度人保山东省公司品牌传播规划

（一）年度推广主题

1.品牌形象主题：人保财险，品质生活保障。

2.车险品牌主题：精彩人生路，人保伴您行。

（二）传播策略

1.省市两级宣传原则。

2.整合营销传播不仅是对外的传播，也需要对内传播。

3.理性角度切入，感性内容提升。

4.围绕客户展开，以客户的认知、体验和互动为核心，将日常广告宣传投入与阶段性的创新营销活动结合，打造特色。

5.整合"五类媒介"，在继续有效使用广播、户外和报纸、电视的基础上，增加新媒体方面的投入和计划，将传统媒体与新媒体的个性化沟通结合，内容宣传与线上线下活动相辅相成，打造全方位360度的沟通环境。

（三）媒体投放策略

1.媒体平台选择全覆盖

主推广播、户外传统媒体，新媒体所占比例较往年提高，在一些客户活动中新媒体可占主导地位。

2.媒体层级选择多元化

省级媒体配合重要时间节点和活动投放，重点突出各地市的主流媒体平台，在提高沟通效果的同时，减少媒体投放费用。异业自有媒体，如4S店宣传物料、汽车配件店物料、车友会活动现场以及车主论坛等。

3.媒体与内容的互相搭配

省公司层面，广播媒体以车险和服务类内容为主，平面媒体主推客户服务、保险知识类，兼及新闻报道和软文推广。户外媒体以品牌形象类为主。

新媒体和网络除作为产品推广、服务推送和营销活动的配合外，还应将其作为客户细分群体的有效沟通手段。

市公司的媒体选择，应围绕高效、细分、短距离的传播原则，如当地优势广播频道，电视频道切换条广告的细分形式，当地的城市站牌广告、车体广告等短距离形式的沟通媒体。

（四）分阶段媒介传播计划

时间段	时间节点	沟通重点	目标人群	投放策略	媒体举例
2015年6～7月	全国保险公众宣传日、第9届客户节	商业车险费率改革 普及保险尝试 对新老客户恒久不变的关怀	车险客户及潜客；在校大学生；普通新老客户	省市级媒体告知，新媒体、网络和线下渠道深度沟通	广播：山东广播交通频道 报纸：《齐鲁晚报》 微信：分公司微信平台 活动现场物料
2015年9～11月	高校开学、就业季	在校大学生的品牌认知和好感度培育	山东省以省内招生为主的高校学生	依托活动建立品牌与学生的初步联系，通过后续的微信沟通加深认知和好感	微信：山东人保微信 平面：校园海报
2015年12月～2016年2月	感恩节、圣诞节、元旦、春节	潜在客户接触，老客户情感沟通	山东人保老客户、潜在客户	异业自有媒体理性层面的直接沟通； 广播、网站、微信媒体感性层面的深度沟通	异业：4S店海报、折页 广播：FM88.7 户外：各地市公交站牌平面 微信：山东人保服务号
2016年3～5月	齐鲁春季车展、“3·15”	山东人保车险优质服务无感知式的陪伴； 人保品质保障，生活忠实伙伴	新购车潜在客户； 普通人保客户	省级地市级媒体结合，传统媒体为主，车展活动信息的告知	平面：《齐鲁晚报》《半岛都市报》 广播：山东广播经济频道、FM88.7 户外：高炮、城市公交站牌 网络：齐鲁网
2016年5～8月	第10届客户节	客户节期间客户深度沟通和地市活动	人保新老客户、潜在客户	省级平面媒体开端、新闻报道，各地市媒体配合活动开展	省级：《齐鲁晚报》 户外：城市公交站牌 广播：济南FM88.7、烟台交通FM103、威海交通文艺FM95.0等 微信：各地市微信平台活动配合

六、设计表现

项目组针对人保 2015～2016 年度传播设计呈现主要从节日、热点和专题策划着手，具体如下：

（一）结合节日进行创意设计

1. 国威：设计于中国人民抗日战争暨世界反法西斯战争胜利 70 周年之际，阅兵的武警方队整齐地迈开步伐大步前进，从侧面看正是一个“人”字，借此创意结合成“人保”二字，寓意着人保财险以强大的实力服务于民，为国助威。

2. 中秋节团圆篇：设计于中秋佳节之际，“PICC”四个字母分别被制作成了装着月饼的盘子、一双筷子、龙虾等美味佳肴、粥品的形象。这样字母就生动起来，代表着家人的团聚，代表着幸福和团圆。下方是与人保车险相关的主题句“给家人最好的安全，是团圆”，寓意着中国人保车险一路陪伴客户的团圆之路。

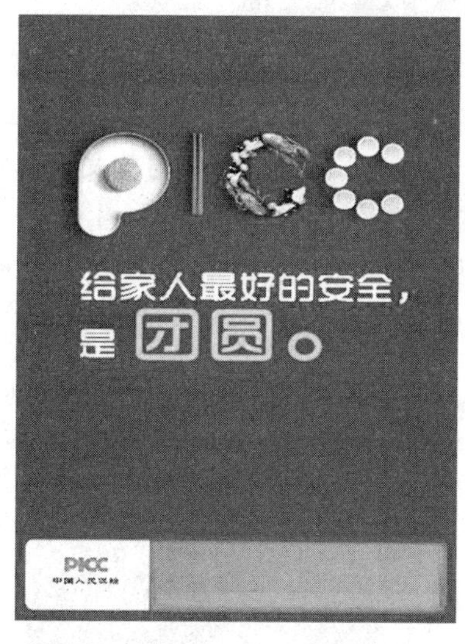

3. 拨开雾霾，圣诞快乐：设计于圣诞节之际，图片中左侧是一位憨态可掬的圣诞老人，右面是中国人保的 LOGO 以及人保在雾霾天给车友的温馨提示。“拨开雾霾”四个字采用虚化的特效，营造出雾霾的感觉，而大红色的圣诞快乐则突显欢乐的节日气氛。人保的温馨提示更是在雾霾天给客户带来了关怀和温暖。

4. 暖心路，放心开：设计于小年之际，图片上方的烟花和底部敲锣打鼓的场景突出欢乐的节日气氛，一辆小轿车正穿梭于节日气氛浓厚的城市中，行驶在回家的路上。图片中间写着“暖心路，放心开”的文字，“PICC”的“I”设计成一条马路和一辆汽车，与下方的文案相互照应：“小年的祝福，满满的行囊人保相伴，回家路暖心无限。”体现了人保的关怀与陪伴，回家的路上，有人保的陪伴，“暖心路，放心开”。

5. PICC 改变中国：设计于新春佳节之际。图片中上方的灯笼是以一只攀在树枝上的猴子为设计元素，代表 2016 年为猴年。图片中下方有“People's Insurance Change China”的英文字样，每个单词的首字母组合起来为“PICC”，即中国人民保险的外文简称，生动并有力地喊出“PICC 改变中国”这一口号，这也是在新的一年新的起点上，中国人保踔厉奋发、不断追求卓越的目标与决心。

6. 猜灯谜，闹元宵：设计于 2016 年元宵节之际，图片中上方是一个由文字构成的灯笼的形状，下方是 5 个元宵节福娃。“PICC”四个字母和福娃均为中国传统民俗——剪纸画。灯笼中间部分的“PICC”四个字母，设计成剪纸窗花，不

仅在视觉上增强美感，而且窗花上的花朵和“福”字寓意花开富贵，幸福安康。灯笼底部写有“中国人民保险伴您一朝一夕”的文字，体现人保财险每时每刻的陪伴理念。设置一个小灯谜，增强了参与性，更加生动有趣。整体以大红色为主色调，突出了浓郁的欢庆佳节气氛。

（二）结合热点进行创意设计

1. 习大大访美：设计于中国国家主席习近平对美国进行国事访问之际。图片上方用红色中英文写着“热烈欢迎中国国家主席习近平对美国进行国事访问”的文字。简明扼要地说明事件，让人一目了然。同时文字下面配有两辆轿车的图片，车身分别是中国和美国的国旗，一方面突出了人保车险的品牌，另一方面也寓意中美关系的良性发展。

2. 车内有二宝，还是选人保：设计于十八届五中全会决定全面实施二孩政策之际。画面主体是将大树、车轮与长椅配合，组合成一辆正在前进的汽车，一家四口在车窗前开怀大笑，周围点缀上鲜花、果实等物件，营造出温馨、明朗、欢快的风格特征，象征着二孩政策施行之后的家庭生活幸福、甜蜜、快乐。图片上方有主题语“车内有二宝，还是选人保”，将人保产品与二胎政策巧妙结合。同时，这也是人保对每一个幸福家庭的责任与庄严承诺。

3."李"赔不用等:设计于小李子莱昂纳多获得奥斯卡奖之际,小李子等待了20年,终于摘取奥斯卡小金人的奖杯。图片中设计了一个奖杯的底座,上面是金色的"PICC"字样,"I"被设计成小金人,与小李子获奥斯卡奖的主题相应。文案为"'李'赔不用等,急速为您"。"李"字谐音"理",突出了中国人保理赔速度快,急速为客户服务的理念。同时"急速为您"四个字营造出重影的感觉,给人一种急速之感。

4.突然出线,中国人保:设计于中国男足小组出线之际,画面背景是一个足球场,场地中上方是"PICC"四个字母,每个字母都带有足球比赛的元素。"P"设计成了一把裁判哨,"I"则是大喇叭,两个"C"分别是计时器和足球。字母下是"突然出线,中国人保"的文字,"突然出线"在这里一语双关,即代表中国男足的出现,也代表汽车在行驶时突然出线,而这时,人保车险是车主的最佳选择。

5.无科比拟:设计于科比退役之际,上方是英文"Goodbye Kobe",代表科比退役,"无科比拟"谐音"无可比拟",代表科比无可比拟的球技,"PICC"的字母被设计成金色,代表科比曾经在球场上的光辉与荣耀。"I"字母挂上科比的球衣,最后"C"字中放着一只篮球,图片下方则是科比挥洒过汗水的球场,很好地抓住时机进行人保品牌的传播。

(三)专题创意设计

1.爱家有方,人保相伴:图片为中国人保家财产设计。"PICC"四个字被设计成小区里的居民楼,透过截面可以看到楼里楼外一个个家庭的幸福生活。"PICC"正是一个个家庭坚实的外壳,是家庭的"安全衣",也是每个家庭最有力的依靠。下方是与图片相对应的文字:"走进家你会发现,这里不仅有我们一生的牵挂和归宿,还有我们的亲人,有我们渴望的温暖和爱。爱家人,更要爱家,给'家'穿上安全衣,给家一个依靠——中国人保家财险,爱家有方。"

2.有温度的车险:设计于冬季降温之时,背景是下雪的天气,地面被冰雪覆盖。金色的"PICC"LOGO矗立在雪地中,字母上戴着红色的温暖的棉帽子、围巾和手套,寓意中国人保是一家有温度的车险。在字母上方是人保的温馨提示:"极寒天气,中国人保财险提醒您:雪天出行注意防冻防滑,祝您畅行无忧!"

3.“第一次”系列作品

标题:第一次“亲密接触”

文案:

第一次,总要想的太多,
第一次,总要精挑细选,
当第一次为爱车穿上婚纱,就嫁给TA吧,
为了家人的挚爱与挚爱的家人,你装下全部的温暖,
有人保,有人爱。

标题:第一次“遛弯”

文案:

第一次,随心驰骋;
第一次,心潮澎湃;
撒欢开溜,就是要痛痛快快,
孤烟,长河,落日,林荫,大道,晨光,
尽情出发,随心而享,
有人保,自在开。

标题:第一次“生病”

文案:

第一次,不忧不惧;
第一次,静候佳音;
疼TA,就要呼之欲出;
爱TA,就要温暖到家;
有人保,你就是宝。

标题:我的第一次当然选人保

文案:

人生有很多第一次:
第一次恋爱,第一次当爸妈,第一次买车……
第一次让你我
懂得什么叫作选择与相伴;明白什么叫作喜欢与分享;
理解什么叫作随心与快乐……
风雨同行,至诚相伴。

(案例来源:PICC中国人民保险)

案例5

好故事让广告营销更出色

——海尔家电、卡萨帝家电、统帅家电会员故事营销与运营

一、项目背景

互联网时代，企业除了销售之外，还必须与用户建立起更深层、更长期的关系，这样才能不断积累用户数据，并最终盘活这些数据资产。

在这种情况下，海尔发布了行业首创的互联网用户管理体系，通过识别用户、识别家庭、识别产品三个精准识别，让海尔与客户、用户等利益攸关方共享增值，开创互联网用户服务新时代。

本案与全球海尔会员进行直接的情感接触，塑造有温度的品牌，给予用户有质感的关怀。

在此背景下，作为会员关怀的关键一环，本案应运而生。《梦享＋》海尔会员杂志、《私享＋》卡萨帝会员杂志、《畅享＋》统帅会员杂志是由海尔家电集团主管、海尔用户管理中心主办，青岛新之航文化传播有限公司策划发行总运营的会员杂志。

本案旨在面向海尔全球4200万会员，传播海尔品牌文化。传达品牌关怀，拉近有温度、有情感的社群交互平台，通过海尔家电集团的大数据平台进行线上、线下传播，实现精准营销，提升品牌声量，拉近用户的归属感、尊崇感。最终实现会员口碑传播和销售转化两大营销目的。

二、用户价值解读

有些品牌拥有强大的品牌认知度，但转化为实际购买行为的能力却略显逊色。其原因主要在于消费认可度不高。本案从海尔品牌口碑出发，立足用户全流程体验，从粉丝到用户，到会员，再到终身用户，满足不同阶段的用户需求，实

现会员故事线上、线下两个渠道的传播，促进内容的转阅率，进而引发受众的评论、转发。

经团队直访调研，不同阶段的用户会有以下需求：

（一）建立品牌的柔性认知

海尔用户对品牌的了解大多是通过产品或者服务。通过广告，海尔在受众心智中引起感性共鸣。而会员故事呈现更多直观的用户体验，更容易引起受众心智中的理性共鸣，和品牌广告形成互补。

（二）激发用户的三种需求

用户通过会员故事了解产品的特质和卖点，从而理解产品的优异性。一般来说，在产品方面，海尔用户的需求分为三种类型：基本需求、期望需求和兴奋需求。基本需求是透过会员故事看到产品的核心卖点，或者营销案例。期望需求则是会员故事中的权益部分，是用户需要得到的，并且通过采访表达出来。兴奋需求则是会员故事洞察用户的潜在需求，比如会员福利部分，满足了用户的惊喜值，同时提升用户对品牌的好感度。

（三）跨平台融媒体传播

除了向用户提供上述关于产品和品牌的资讯外，还需要提供指导性服务。同时，新之航整合国内领先的数字媒体阅览平台，通过这些平台强大的运营和辐射能力，团队传播的会员故事，会员随时随地都能看到。本案可以使用户随时随处可得，较于自媒体，省去了信息筛选的环节，抛开自媒体种种条件的限制，有着得天独厚的优势。

（四）提供有质感的会员关怀

打破传统产品 EDM、短信的单一线上关怀，杂志关怀可以让会员感受到品牌的质感，并且产生惊喜，从而强化用户口碑。同时，这也是海尔在会员管理体系运营中所凝结的重要一环。

（五）产出宝贵的营销资源

专卖店的营销资源，同时也是典型的用户样本，本案可以用于指导专卖店进行销售，为开拓新客户提供帮助。

三、广告主价值解读

（一）本案对于用户管理体系的价值

本案伴随着海尔集团用户管理体系的发展而来。用户管理体系包括五个极致体验（入口简单：智能产品自动激活注册，普通产品扫码注册；使用方便：电子说明书、电子保修卡都集成在 U＋上；服务极致：极速进线，极速换货，限时解决，专属客服；权益丰富：通过五个路径升级，用户将获得两类权益；交互多维：

产品交互、生态交互)、三个识别(用户识别、产品识别、家庭识别)等。

因此,会员故事的采编和会员杂志发行过程,也是会员权益数据的收集和验证环节。具体价值表现在:

1. 输出权益口碑,提升从用户到会员到终身会员的转化率。

2. 将品牌对会员的关怀实时传达至用户。

3. 实时收集用户对产品、权益的需求和反馈。

4. 以社群交互倒推产品迭代。

(二)杂志载体对于品牌的价值呈现

1. 激发老用户参与,增强用户黏性,从而提升品牌声量和品牌忠诚度。

一方面,只有通过杂志载体,展开线上、线下有效互动,提升用户的参与度,进一步增强用户黏性,才能使海尔在互联网虚拟世界中的"粉丝数"转化为看得见、摸得着的"粉丝社群"。

另一方面,利用老用户的需求反馈进行倒推,推广用户喜欢的内容,进一步吸引受众注意力。

2. 老用户吸引新用户,新用户从老用户成长为终身用户。

一方面,做老用户喜欢的内容,留存老用户,从而发展成粉丝社群。另一方面,通过老用户的推介和互动,吸纳老用户身边的新用户,从而老用户成长为终身用户,新用户成长为老用户,形成良性循环的生态圈。

四、创意亮点

本案的创作亮点可以总结为:深挖数据资源,探索故事营销,塑造品牌价值。

本案的基础是海尔会员大数据,功能是盘活数据资源,它既是一套销售促单教材,也是一套数据分析手册,更是一套品牌指导手册。

(一)目标受众分析

1. 海尔:乐享生活,创造生活智慧的都市人群

他们的社会角色可以是:热情美丽的空姐、乐于分享的全职太太、外企高级白领、资深瑜伽教练、美食爱好者。

他们是智慧生活的学问家,通过讲述乐于在生活中发现智慧的都市人群和海尔智能家电产品之间的故事,反映会员的智慧生活态度。

2. 卡萨帝:社会精英、格调生活的倡导者

他们的社会角色可以是:成就卓著的企业家、聪敏干练的职业经理人、享受生活品质的艺术家、上市公司高管、决策人、星级酒店行政总厨、品味不凡的红酒鉴赏家,他们是精致生活的代言人。

品质生活家们与卡萨帝高端家电碰撞出的极致火花,于《私享+》中完美体现。

3.统帅:年轻、适用,时尚生活的倡导者

他们的社会角色可以是:充满小确幸的民宿创始人、奋斗中的时尚青年、摇滚乐手、烘焙达人、设计师。

他们是时尚生活的领航者,通过讲述他们追求生活品质,向往舒适简约的生活方式,反映会员的轻时尚生活态度。

(二)内容定位

定位:做内容,讲故事	
海尔	海尔会员的智慧生活
卡萨帝	卡萨帝会员的精致生活
统帅	统帅会员的时尚生活

五、文案亮点

(一)语言风格定位

故事文案,既不同于团队一贯熟悉的杂志语言,也不是单纯的营销语言,而是用平实质朴的语言,表达一个完整的故事,将产品及品牌相关的内容融入整个故事中。这种语言风格让人耳目一新,是一种海尔倡导的故事营销风格。

(二)采编过程中的创意

新闻真实性的内涵和本质在于以事实为基础、为依据来报道新闻。而海尔要求的故事从内涵和本质上和新闻是一致的。

詹姆斯·韦博提出的创意程序的五个阶段,同样也适用于故事策划的创意过程。

第一,收集资料阶段。需要收集的信息分为产业的销售数据、社区和积分商城的晒单故事的故事语境,观察晒单图片的居住环境,以及其他自媒体社交平台上的关键词检索。

第二,消化阶段。团队将收集好的资料整合并进行归类,从各个角度思考和挖掘更深层次的内容,并将这些资料进行有意识的组合,部分资料以专题的形式呼应热点或海尔集团战略。

第三,孵化阶段。将资料进行深度研究提炼出“最小故事”,即故事核。以最小故事为中心,填充细节,形成一个完整的故事。

第四,组织阶段。完整的故事情结用语言进行组织,并形成最终文案。

第五,验证阶段。成稿后,团队与海尔客户在稿件审议会上,重新审视文案,考虑其可读性和信息的准确性,及时矫正问题及制定解决方案。

（三）促进用户行动，影响用户态度

首先，强化用户体验。一方面，团队通过社群运营的方式邀请用户加入多个用户群，在群内征集用户故事，与会员进行交流，并为用户解答售前、售中、售后的问题，赢得会员的信任。另一方面，团队增加用户＋产业审稿流程，完稿后由被采访者确认后交由相关产业审稿，每期完成后，搜集会员意见反馈。团队将写好的稿件，投放到产业和会员社群，在数百名用户社群意见中反馈和总结。

其次，通过故事将产品的独特竞争优势复刻在用户记忆中，让用户对产品的独特好印象牢牢地收进心智记忆中。当用户有需求的时候，就能将产品列入候选名单甚至唯一候选。

最后，促进用户行动，也包括促进海尔内部的行动。用优质的文案、专业的摄影、精美的版式，吸引海尔各产业、培训中心。当用户有需求，或有好素材的时候，他们能够第一时间将会员故事列入传播的首选渠道，合作输出用户故事案例。

（四）故事文案展示

海娃儿王坤富

金川县位于青藏高原东部边缘、大渡河上游，是四川盆地和川西高原的过渡带。县城本身很小，用当地人的话说，抽根烟能绕县城转三转。但算上县城下面的 23 个乡镇、100 多个行政村——金川县称得上幅员辽阔，足足 5550 平方公里，而人口却只有 7 万多。在这样一个典型的地广人稀的地方，有一个叫王坤富的男人，他用一绳一肩，把海尔家电背进家家户户，人们亲切地称他“海娃儿”。

● 当地人唤他“海娃儿”

今年 45 岁的王坤富是金川金海海尔专卖店老板，这是他经营海尔专卖店的第 13 年。从最初几十平方米的小店铺到如今店面 110 多平方米、年度规模超过 500 万的大店，王坤富的 13 年走得不易。

2000 年，不到 30 岁的王坤富开了一家糕点房，生意不大，但收入较稳定，一家人的生活简单和乐。可每天对着案板和面、揉面的王坤富心里越来越不平静。那段时间，王坤富没事就到隔壁卖家电的那里转悠。说是卖家电的，可那店里没几样大家电，从小就爱折装捣鼓家电的王坤富心想：我要是做家电，绝对比他做得好。于是王坤富花 3 年时间教会家人做糕点，并攒了一些钱。2003 年，王坤富把糕点房交给家人，自己开了县城第一家海尔专卖店。

在信息封闭的小县城里，人们对海尔十分陌生，刚开始王坤富的海尔家电几乎卖不动。为了打开市场，王坤富喊来自己的亲朋好友试用冰柜，好用再给钱。当地人有过年做熏肉的习俗，等春节过完，肉也烟熏好了。做好的熏肉在常温下可以放1年以上,但虫蛀和温度变化让美味一点点流失。王坤富让朋友把熏肉放进海尔冰柜里,年底拿出来一吃,朋友都夸没变味。于是口口相传,县里的人都知道有个叫王坤富的在卖海尔,海尔冰柜好用!消息传得远了,海尔被传成"海娃儿",很多人喊王坤富"海娃儿",还有人叫他"海老板"。但王坤富听着心里高兴,他成了当地海尔代言人,为海尔代言,多骄傲!

● 我是藏民的牦牛

天然的地势多样为金川县带来绮丽多变的美,雄秀的山川、奔腾的大河让每一眼都是风景,但落到地上,险峻的山路、摇晃的索桥让每一步都惊心。而王坤富的日常工作就是,驱车经过山路、索桥给用户送家电,遇到车开不进去的地方,就背着家电走到用户家。

王坤富的送货范围涵盖整个金川县,远的像俄热乡二楷村、毛日乡热它村等地方,开车过去就得三四个小时。这样一往一返,一天就过去了。近的地方也不好走,要是去独松乡嘎五岭村,必须经过老索桥。年久失修的索桥,两边钢绳一边紧一边松,车子就一边高一边矮地载着家电,颤颤巍巍地往前蹭。桥下翻涌而过的,就是大渡河。

如果说白天漫长的送货路上还有美景可看,到了晚上回去时,就只剩漆黑一片和恐惧。从曾达乡野足沟村往回走,需要经过70多处"Z"字型的回头线,车子无法一次开过去,只能走一点倒一点,慢慢调整方向才能过去。这种路白天走都让人胆战心惊,到了晚上,没有路灯,车灯的光常常一半在路上,一半落进悬崖,当时路边还没有护栏。说不怕是假的,即便是走了10多年,王坤富到现在每每安全通过都要感谢神明。

金川县分农区和牧区,近几年政府给牧民建了定居房。告别了透风的帐篷,牧民们有了一个固定的家,家电也慢慢添置起来。现在在冬场(冬季牧场)定居的牧民,家电都买海尔,因为只有海尔会上门服务。牧区不在公路边上,车子到了,人得背着家电走上40多分钟才能走到用户家。小个子的王坤富背起100多斤的冰柜,绳子嵌进肩头,后背狠狠弯下去。久而久之,肩头磨出硬茧,颈椎间盘突出、腰椎间盘突出都找上王坤富。平时站久了、坐久了便会腰疼。但王坤富还是固执地要每天跟店员一起送货,把家电完好地背进用户家里,安装好,这样心里才踏实。

为王坤富的上门服务之路设障的不止地形,还有天气。所谓"雪寒在上,故高山多雪",进入12月,金川县西北部的高海拔纯牧区进入雪季,尺厚的雪让本就难走的路愈显可怖。12月2日晚上,在看店的王坤富接到电话,从牧区送完货的两名店员在归途中遭遇大雪,货车车轮陷进雪里动弹不得。挂上电话,王坤富带上工具一头扎进夜色里。独自驱车2个多小时后,王坤富赶到被困点,在风雪中为货车车轮镶上铁链，车子终于爬出积雪。等王坤富一行人赶回县城，已是凌晨。类似的桥段在13年里上演过太多次，疲惫不堪的王坤富只想赶紧躺下歇歇，毕竟明天太阳照常升起，店铺照常营业。

走在奔五路上，王坤富打算再干15年，60退休。在这之前，他要做藏民的牦牛。因为牦牛是藏民在大雪封山后唯一的运输工具。而王坤富跟牦牛一样，无论环境多恶劣，只要人们需要，他就会披荆斩棘，及时赶到。

车子开不动，大家一起推着走。

● 神明看得见

金川县聚居着藏、羌、回、汉等14个民族，少数民族对神明的崇拜和信仰由来已久，且根深蒂固。王坤富也相信，天上有神明，海拔越高，离神明越近，人就必须行得端。

今年11月，王坤富从成都进了17台海尔冰柜，等物流公司把冰柜发过来，王坤富当场急了——满满一车冰柜全部倒放。根据规定，冰箱冰柜在运输中严禁倒放，不然毛细管堵死将导致无法制冷。“他们为了图省事，就把冰柜都放倒装一车拉来，这样要是冰柜都不制冷，我费钱费力是小事，但影响了海尔口碑，往后那整个村寨都不会买海尔了。”小心耕耘10余载才收获了当地人对海尔的信任和好感，王坤富深知好口碑来之不易，他立刻将情况反映给海尔总部。结果在当天海尔总部就责令物流公司为17台冰柜全额买单，并派出专人跟踪冰柜上的条码，防止这批冰柜流换到其他商家，造成窜货。王坤富说，从他开海尔专卖店以来，没有发生一起窜货。当地其余四家卖家电的经常窜货，但没人敢窜海尔的。说这话时，“海娃儿”语气里满是自豪。

背了13年海尔家电，王坤富觉得每一件产品就像自己的孩子一样，平时只要看到物流或是店员放货时手重了，王坤富就忍不住说几句。别人觉得他小题大做，但王坤富认为，从30多年前的砸冰箱事件开始，海尔这个牌子就容不得一点小问题。更何况，行得端不端，神明看得很清楚。

这些年，凭着海尔和“海娃儿”在当地的好口碑，王坤富的专卖店开得有声有色。如今在行得端之外，他看到更值得去做的事——行善。就在12月6日海尔集团海尔电器“公益万里行”的金川站捐赠仪式上，王坤富捐出30台海尔洗衣机，4000张惠民折，每张价值500元。能够有能力为家乡人做点什么，这份施予带来的喜悦甜进王坤富心里。

六、摄影亮点

（一）运营策略

考虑到广告主要求的素材遍及全国各地，甚至海外。为了提高效率、保证效果，为广告主节省拍摄开支，创作团队搭建了一个摄影师合作平台。依托新之航在全国各地的媒体资源，联合全国各地的商业摄影师，组建摄影师网络平台。

（二）创作过程

为了提高图片质量，提高产品拍摄效率，更好地展示三个品牌产品特点，特制定图片拍摄规范和要求。包括：封面人物拍摄规范、家电与产品的拍摄规范、家庭环境的拍摄规范。

七、设计亮点

（一）设计定位

1.《梦享＋》对应智慧生活的主题

智慧生活即从场景、人群、功能三大维度解构与重建原生需求，表现海尔在产品中融入智慧科技，为用户创造现代化的定制解决方案。

选用海尔蓝（C：91，M：67）作为主要设计背景色，同时，选择智慧元作为主要的设计辅助图形，并融入不同风格的插画元素来活跃版面，运用抠图或创意的摆放产品和食材的手法丰富杂志版面的多样性。同时，用海尔 VI 的元素来贯穿大专题加深读者对海尔品牌的认知。

整体设计动感现代，营造海尔家电智慧生活互联网场景。

2.《私享＋》

《私享＋》关键词：科技、精致、艺术

艺术并非遥不可及，它融汇于生活的点滴。本案力求为用户带来高端的生活体验。卡萨帝生活家，作为生活家电的“大家”、生活家电的“革命家”，目的是要让用户和读者也能成为创造精致生活的“专家”。

在设计上，团队选用国际高端家电品牌卡萨帝 VI 中代表艺术和高端的紫色（C：80，M：100）作为基础色。同时，选择代表水墨、福纹作为素材元素活跃版面。西方前沿美学和东方美学碰撞融合。插画形式则采用艺术感较强的艺术插画，用精致的多角度摄影图片素材来活跃版面，当图片的冲击力足够强时，摒弃过多花哨的设计元素，而用图片去陈述故事，打动读者。暗纹花纹的运用提升整体的调性；视觉设计也无形中注入平衡，讲究道学的构图。

3.《畅享＋》对应时尚生活的主题

2016 年，统帅以全新的品牌形象投入家电市场。一改原先“家电下乡”的品牌形象，新统帅定位于年轻时尚群体，深度挖掘年轻人的消费需求和兴趣爱好。因此，在设计中，团队也对应时尚、简约、悠闲、舒适的关键词。目的是：奠定统帅在年轻受众群体中的品牌形象，和统帅品牌部门实现同步传播。

在设计上，团队选用统帅红(M:100，Y:100)作为主色。同时应用大面积色块和时尚元素作为设计组合，再与各种家电图片、用户生活元素穿插设计，并利用插画来提升品牌时尚度，与轻时尚的品牌风格相呼应。

(二)用户决定设计

每期设计9个不同风格的封面，在用户社群中进行票选，由用户提出设计意见，充分集中用户审美。

八、效果评价

反馈收集路径：广告主反馈及用户回访

文字评价：真实感人，平实质朴

设计评价：版式精美

服务评价：礼物精致，真诚用心

(一)广告主评价

会员刊物运营水平非常高！用户喜爱：主动要求寄送。门店喜欢：要求增加数量放在柜台上。产业部门欢迎：主动提出办洗衣机会员专刊、办空调会员专刊。

(二)老用户复购及口碑推荐

2017年4月，从《梦享＋》上看到团队推荐的空调，1月刊《梦享＋》采访过的剪纸邵奶奶找到团队，要求团队帮忙推荐一台空调，团队帮助邵奶奶联系到3月刊《梦享＋》的顺逛店主左小艳，帮她买了一台空调。

2016年9月，吉林会员田野从9月刊《私享＋》中得知推荐朋友购买自己可以成为代言人并获得更多积分，推荐朋友柏棋购买了全套的卡萨帝家电。

天津的金卡会员刘女士，积极参与《私享＋》杂志互动。收到刊登了自己故事的杂志后，又购买了全套卡萨帝厨电产品。

重庆飞行教练周江登上2016年11月刊《私享＋》后，最近复购一台冰吧和一台鼎级云珍冰箱，放在自己的飞行俱乐部中，传播和推行飞行文化，同时推介自己的卡萨帝生活。

2016年9月《私享＋》受访设计师曲女士，结婚家电毅然选了全套卡萨帝。

台湾茶商叶语和先生通过线上传播的卡萨帝会员故事找到团队，请团队帮忙推荐一台冰箱和一台洗衣机，并配合团队登上《私享＋》9月刊，9月27日叶语的新店开张，热情地邀请编辑部前去见证家电的启用。

9月刊会员俞女士，登上《梦享＋》，对于杂志策划的内容非常满意，通过编辑部购买了封底广告里的智能晾衣架。

(案例来源：海尔家电集团)

第三部分

全案策划类

案例1

从无到有，缔造中国高丽红参第一品牌

——环翠楼红参整合营销传播案例

一、案例背景

环翠楼红参生物科技股份有限公司是山东威海一家专门从事高丽红参系列产品研发、生产、销售的现代化企业，成立于2012年3月。根据我国保健品市场现状分析得出，消费者对人参有一定的认知，但对红参的认知基本为零。红参作为保健品具有滋补功效，其最大优势是温补不上火。面对中国近乎空白的红参市场，环翠楼红参生物科技股份有限公司如何将红参作为滋补尚品的认知普及开来？如何塑造品牌并将产品信息有效传达给消费者？如何通过营销策划，奠定品牌在中国红参市场的引领地位？环翠楼红参生物科技股份有限公司面临巨大挑战。

二、策略目标

新之航全面助力环翠楼红参品牌从无到有：从前期国内外市场调研到品牌命名确立；从品牌LOGO到CIS系统建立；从品牌故事基因创建到中国首家红参文化馆落地；从厂区导示到全国的商展、特装展位打造；从地面公关活动到高端航空资源整合传播构建；从形象到包装，从文化到空间的全产业链品牌系统，量身打造了一系列品牌整合策划全案，打造“中国红参第一品牌”。

三、案例创作过程

第一步：深度调研，确立品牌定位、核心卖点、品牌区隔，制定品牌发展目标。

第二步:深挖文化,确定品牌命名,塑造品牌故事。

第三步:深化内涵,塑造 360°全方位品牌形象系统,打造红参文化馆,建立品牌载体。

第四步:深造产品,重新规划产品线,打造明星产品。

第五步:深度传播,全国摄影大赛持续升温,品牌影响力持续扩增。

第六步:深层共享,从地面到高空,多维渠道,创造传播最大价值。

四、品牌策划与传播过程

(一)深度调研,探源高丽红参

从全球市场来看,人参产业的产值已逾千亿,但我国仅占 4%。占据先机,就是占据市场。放眼亚洲市场,韩国红参品牌基础雄厚,新之航组建调研团队,前赴韩国,深入市场调研,为环翠楼红参品牌制定"双"策略:植根中国市场,创立民族品牌;同时,联合国内外著名科研机构和制参专家,建立中国科学院红参研发中心。树立品牌发展战略:采用韩国高丽人参为原料,掌控核心制参科技,重塑传统滋补精品,致力于打造真正不上火、更适合中国人体质和口感的红参品牌。

(二)深挖文化,塑造基因

1.确立品牌独特属性,进行品牌命名

基于降低品牌宣传和使用成本的宗旨,从沟通、地域、史料三方面入手,进行品牌命名。

沟通:满足消费者易发音、易记忆便于传播的命名原则,讨人喜欢,可翻译,便于广泛传播。

地域:威海地标性建筑环翠楼,具有鲜明的威海地域特色,彰显历史厚重感。

史料:据史料《威海卫志》记载:"红参祛疫助抗倭,环翠楼、红参齐扬名。1736 年乾隆登基,环翠楼大药房进贡顶级红参。"

三重维度交集融合,最终品牌命名为"环翠楼红参"。

2.深挖千年历史文化,撰写独特品牌故事

分析品牌区隔,挖掘品牌独特文化。100%韩国高丽红参,300 年中韩民间制参古法。引经据典,寻根溯源,深挖华夏 5000 年历史,塑造品牌故事,将红参古法工艺延续传承。

第一篇　杀蚩尤黄帝建奇功,化仙草人参始得名。

第二篇　难复命徐福避瀛洲,无仙药始皇含恨亡。

第三篇　千百度梦中寻觅你,猛回首伊在红缨处。

第四篇　祛疫抗倭获大捷，人参翠楼齐扬名。

第五篇　关马市，十万人参变粪土；巧加工，歪打正着得红参。

第六篇　庆登基，重修环翠楼；制贡参，技术集大成。

第七篇　旧时皇家御用贡品，今日泽被芸芸众生。

（三）深化内涵，全面塑造品牌形象系统

1. 从品牌 LOGO 开始，构建品牌整体 VI 系统。

标志名称 参情厚益　　标志名称 天赐之合

图 1　LOGO 设计

LOGO 释义：鉴于红参产品的国粹级品质，标志的设计创意以中国古典风格为主，吸收现代设计理念，突出具象，形意结合，力求实现内涵、寓意、造型三者的完美统一。设计中采取多元素巧妙结合的表现手法，既注重挖掘产品的丰富内涵，又追求赏心悦目的外在美感，以达到彰显品牌独特核心价值的目标诉求。

2. 由创意到落地，立体化品牌多维空间。

从平面到空间，品牌逐渐立体化，建立了厂区导示系统，设计规范了专卖店 SI 系统和品牌特装展位，为每个样板施工质量严格把关，确保工程有序、安全、高效完成。

图 2　专卖店 SI 设计

3. 建立品牌文化载体，中国首家“红参”文化馆。

新之航团队为环翠楼品牌打造中国首家“红参”文化馆。走访调研考察多地，观摩山东大厦壁画，走访了东阿阿胶博物馆、宏济堂博物馆等地，博采众长，打造中国首家“红参”文化馆。最终立体化呈现、还原红参文化，为国人了解红参、专家研究红参提供了一个近距离接触的“大百科”。

4. 行业领袖、国医大师张灿玾助阵，解读红参魅力。

（四）深造产品，打造明星单品

针对不同阶段的消费人群，基于消费需求和药理特性，新之航团队助力环翠楼红参重新规划产品线。至今，红参系列产品已经形成原支参、片、膏、茶、汤、丸、蜜膏、酒、饮料等九大品类，60 多个品种。

其中以卓越的产品功效成就环翠楼 · 天参系列的高端明星产品。以明星产品带动知名度，成就更强品牌影响力。

同步精心设计的产品招商画册，让品牌形象与包装系统跃然纸上，便于企业伙伴和经销商了解品牌与产品。

（五）深度传播，抢占春运节点进行事件营销，提升品牌影响力

2013 年 12 月策划执行“回家随手拍”全国摄影大赛，将品牌传播真正落地，深化品牌传播深度，成倍增强品牌认知，扩大品牌影响力。

大赛分为征稿、评选、颁奖、探源之旅四个阶段。为期 3 个月，90 天，20012 人参赛，投稿 60231 幅，最高单日投稿 3321 幅，总投票 530000 余张，官网点击 6350000 多次，获奖总数高达 666 幅，创全国摄影大赛的“四个一”，即投稿人数最多之一、参赛作品最多之一、获奖人数最多之一和奖金最高之一。

将获奖作品集结成展，邀请获奖者和摄影爱好者参加韩国红参探源之旅，完成了环翠楼红参品牌的二次传播。

（六）多维共享，创造传播最大价值

1. 山航机上全媒体，锁定目标客群，进行精准营销

全面启动山东航空高端航空媒体资源，锁定目标消费群体，精准营销。

2. 传播百花齐放，品牌赢销未来

人民网、新华网、中国山东网、中国经济网、百度、新浪、腾讯、大众网等 30 家重点网络媒体，《大众日报》、山东广播电视台、《齐鲁晚报》等 10 家主流媒体，进行全方位、多渠道、立体化传播，释放品牌“参”奇能力。

2014 年 6 月，新之航助力环翠楼红参高调亮相广州世博会，在此次展会上，环翠楼红参订单过亿，赢销未来。

3. 敲钟上市，见证品牌腾飞奇迹

2016 年 7 月 14 日，环翠楼红参生物科技股份有限公司（证券简称：环翠楼。

代码:837474)敲钟上市。自 2012 年 3 月公司成立以来,不到 5 年时间完成品牌上市,成为环翠楼红参发展史上重要的里程碑,再度印证了品牌的力量。

五、社会评价

2016 年 6 月 16 日,环翠楼红参作为山东省重点品牌企业,应邀参加山东省品牌建设大会,这标志着环翠楼红参规范的品牌建设进入全面提速新征程。

2016 年 8 月 7 日,环翠楼广告主携带环翠楼天参作为征服北极点保健品。

自 2012 年 3 月环翠楼公司成立至 2016 年 7 月 14 日环翠楼红参敲钟上市,新之航助力环翠楼红参,缔造了中国高端红参滋补传奇。在 2015 年中国企业领袖与媒体领袖年会上,新之航凭借环翠楼红参项目荣获《影响中国·2015 年营销效果金奖》。

(案例来源:环翠楼红参生物科技股份有限公司)

案例 2

天下第一店，品质归来

——天下第一店酒整合营销传播案例

一、案例背景

山东天下第一店酒厂（暨山东百粮春酒业有限公司）位于鲁中地区的一个村庄——傅山。南北朝时期，傅山隶属于北魏高阳郡。当时的高阳郡，粮产富饶，酿酒等产业发达，有“户户蒸粮，巷巷酒香”之说。时任高阳郡太守的贾思勰，倾其心血著就的《齐民要术》一书，其中就有对世界上最早的酿酒工艺学的系统总结。

20 世纪 80 年代初期，在这片有着千年酿酒文化的土地上，山东天下第一店酒厂应势而生。天下第一店酒采取小窖精酿工艺，具有良好的品质，成为鲁酒顶峰时期的重要品牌，在淄博地区盛行一时，具有良好的口碑。经过 30 年的发展，公司由最初的小规模酒厂已壮大为现代化的白酒工业集团，成为国家大（二）型企业、山东省综合实力 500 强企业、AAA 级信用企业、省明星企业，并连续几届被省消协授予消费者满意单位，2003 年通过 ISO9001 国际质量体系认证。由于酒厂启用新的商标“百粮”，近年来，“天下第一店”品牌逐渐被搁置，以此为商标的成品酒在流通市场逐渐减少，品牌发展处于停滞阶段。在山东大学新闻传播学院广告研究中心与酒厂洽谈后，认为有必要重启天下第一店的品牌运作。

二、对天下第一店品牌的相关调研

山东天下第一店酒厂建厂初期，在淄博享有较高的美誉度和知名度，但近些年来，天下第一店的购买率呈下降状态，品牌已停滞若干年。为做好品牌重

启的准备工作，项目组通过“资料搜集”“实地调研”“跟踪访谈”“问卷调查”四个主要途径大量收集一手信息。

（一）资料搜集

调阅研究相关资料，包括百粮春财务、营销活动策划、百粮春品牌形象照片等相关信息，充分了解了百粮春的产品信息、市场占有情况、营销渠道等。

（二）实地调研

项目组借助2017年春季（第77届）山东省糖酒商品交易会在淄博举办的契机，积极参观展会，了解众多参展品牌及其产品的相关情况，研究分析百粮春的口碑现状和优劣势；深入百粮春生产基地了解产品生产工艺、流程、品质，掌握当下生产和销量现状；前往竞品销售网点了解销售状况，并进行横向对比分析，为天下第一店品牌重启计划积累了大量可参考信息和数据。

（三）跟踪访谈

开展大范围跟踪访谈，整个访谈行程覆盖淄博市张店区、博山区、淄川区、临淄区、周村区以及桓台县、青州市等主要市场区域，访谈对象涉及企业内部人员、经销商、零售商、竞争品牌业务人员、竞争品牌经销商，其中，经销商层面访谈主要围绕以下问题展开：

1.百粮春产品生存现状、市场行情反映。

2.各经销商推广产品的成功经验及做法。

3.本地竞品酒的相关情况。

4.了解经销商对厂家政策的看法和建议。

5.对百粮春产品及品牌发展的系列建议。

（四）问卷调查

项目组内部进行了头脑风暴，讨论筛选了消费目标群体的调研问题，分别通过线上、线下开展问卷调查，设置了32道选题，重点对以下方面的问题进行了调查：

1.消费者白酒消费习惯及购买动机。

2.消费者倾向价格区间。

3.受欢迎的白酒度数及容量。

4.近年淄博地区酒类销售分布情况。

5.国内及本地畅销白酒品牌市场欢迎度。

6.天下第一店的品牌美誉度及品牌传播情况。

7.天下第一店的二次购买意愿情况。

通过问卷调研和实地访谈，项目组总结出以下几个结论：

1.当地消费者对地产酒情有独钟：82%的线下人群、58%的线上人群更喜欢本地品牌酒。

2.在购买行为中影响消费者的因素主要为酒质口感、价格、知名度、广告宣传。

3.年轻消费者饮酒习惯呈现低度数特点,年长者为低度数偏好下的全度数覆盖。

4.产品单瓶销售价格呈走高趋势。

5.百粮春在有提及的情况下能够和白酒品牌实现对位。

6.天下第一店仍有知名度,需要引导至和白酒对位的层级。

7.在没有自上而下的轰炸传播的情况下,店面陈列尤为重要。

8.品质是天下第一店重塑辉煌的基础。

三、天下第一店品牌定位策划

(一)绘制天下第一店品牌定位图谱

通过前期调研发现,有60%左右的消费者对天下第一店酒有直接复购意向,还有35%的消费者认为要先品尝一下才能决定。由此可见,天下第一店品牌重启具备一定的市场潜力和品牌基础。但在白酒市场产品同质化现象严重的今天,天下第一店若要从品质、工艺层面脱颖而出,很难与国内知名品牌抗衡。要采取什么样的策略才能扬长避短,顺利重启?

天下第一店曾经在一代人心中留下印记,此次归来,犹如好友"久别重逢",从情怀层面出发更能奏效。因此,项目组为天下第一店量身定做了"怀旧营销"策略,并由此制作了天下第一店定位图谱,如下所示:

天下第一店品牌定位图谱

核心卖点	怀旧、品质
天下第一店品牌战略定位	怀旧营销——品质归来。 天下第一店过去在淄博地区具有较强影响力,以怀旧营销为传播策略,以品质归来为诉求点,符合天下第一店的品牌现状。
天下第一店品牌之目标市场定位	在未来3年内,首先应在局部区域建立根据地市场,然后以点来渗透面,以张店、临淄、青州区域为重点运作区域,走"农村包围城市"的路线,建立以县级精耕进攻渗透市级及省会城市的优先策略。
天下第一店品牌之消费群体定位	以30～60岁中老年男性消费者为消费主体,以中低收入的普通市民阶层及城市中产阶级为主。

续表

核心卖点	怀旧、品质
天下第一店品牌之品牌形象定位	还原《齐民要术》酿酒古方，小窖发酵，品质具有保障；淄博人记忆中的好酒。
品牌发展愿景	打造淄博第三大白酒品牌。 品牌关注点是人文，是情怀，是量与质齐飞的情感沟通，开创淄博白酒品牌的先河。
天下第一店品牌架构规划	重新架构新的产品线，重点打造“归来”“荣归”两个产品线。

（二）解读品牌核心卖点

1. 理性层面——品质

天下第一店还原《齐民要术》记载的酿造古方，从酿造选粮、选水、生产工艺、技术等层面均有值得挖掘的卖点。

（1）小窖精酿，纯粮酿造

均采用粮食为原料的纯粮固态发酵工艺，小窖发酵酿制，这种“纯粮固态发酵”的传统制作模式，工艺复杂，配粮讲究，相对成本较高，但却有效保证了天下第一店“滴滴精华”。

（2）精选北纬36°原粮，限量生产

天下第一店产地盛产优质五谷，从而使天下第一店能够对原料精挑细选，限量生产出最优质的白酒。

（3）甄选博山三十六泉泉水

水质上，甄选博山范泉、灵泉、甜水泉等三十六泉的泉水作为水源。晶莹碧透，味道醇厚，用以泡茶，清香可口；用以酿酒，香气四溢。

（4）科研合作，技术创新

科研开发上，定期与中科院及五粮液酒厂的专家开展技术合作。并且不断开发基于金日光教授发明的生物能活力素新技术，让白酒好喝不上头。

2. 感性层面——怀旧

天下第一店作为鲁酒巅峰时期的著名品牌，对淄博人造成了深远影响。经调查，目标消费人群中绝大部分均与天下第一店有过或多或少的接触。天下第一店品牌重启，采用怀旧营销策略，挖掘、转化潜在的消费资源能借势借力，达到事半功倍的效果。

（1）当代淄博发展得越来越快、越来越好，人民公园、二马路等标志性地标也不复从前的模样。20世纪80年代人与人关系淳朴，与当代人之间的疏远冷漠形成了鲜明的对比。以往年代的东西质量可靠，经久耐用，现在的许多产品假冒伪劣，以次充好，人们怀念并希望品质年代的回归。天下第一店是那个时代的标志性代表物，现代人怀念过去，常常会想起天下第一店酒。

(2)天下第一店酒厂建立时，正逢改革开放的高潮期。在那个火热的年代，一切都呈现出欣欣向荣之势。20世纪80年代天下第一店酒问世，也在那时的淄博人心中留下了深深的烙印。天下第一店白酒见证了20世纪淄博的大事件，见证了淄博人的悲欢离合，它对淄博人而言意味着家乡、亲情、归属。

(3)百粮春酒业所在地——傅山村，曾在南北朝时期隶属于北魏高阳郡，酿酒手工业盛行，可谓“家家酿酒，巷巷醇香”，发生了“开坛十里香，酒酿三年醒”的动人故事。百粮春酒业正是传承了当地上千年的酿酒文化，并将其发扬光大。

通过传播营销，意在唤起消费者对天下第一店的记忆，并希望通过一系列活动，直接将“天下第一店”品牌与高品质意象相关联。

3.企业历史荣誉层面

1992年，天下第一店白酒在首届中国酒文化精品展中荣获金奖；同年，荣获第30届布鲁塞尔国际质量金奖，10月，在荷兰阿姆斯特丹举行的国际质量评比中再获金质奖牌；在国内专家品评会上，有“全国白酒都品遍，唯有天下第一店”的美称；曾被授予“博览会唯一指定专用白酒”“人民大会堂会议指定用酒”“全国政府采购重点推荐酒”及“钓鱼台国宾会议指定用酒”称号；2003年通过ISO9001国际质量体系认证，所生产的“百粮春”系列产品，被中国食品工业协会鉴评为中国名优食品、中国著名品牌。

4.品牌背书层面

张店，人杰地灵，风光旖旎，素有“天下第一店”之称。而天下第一店酒唯有百粮春酒业拥有商标使用权。

项目组结合以上产品卖点，梳理出天下第一店未来可用的传播标签：天下第一店；淄博人自己的酒；产自千年酒文化盛地；淄博三大白酒；传承《齐民要术》酿酒精华；张店的回忆；小窖精酿，滴滴纯香；纯粮酿造，品质之作；记忆中的淄博味道。在接下来的传播中，将着重向目标群体受众传达这些卖点和标签，增加、强化消费者的品牌印象和认同感。

(三)天下第一店系列海报

针对提炼的产品卖点和传播标签，项目组为天下第一店策划了一系列海报。

1. 淄博记忆——天下第一店，记忆中的淄博味道。

2. 回到从前——天下第一店，举杯间，回到从前。

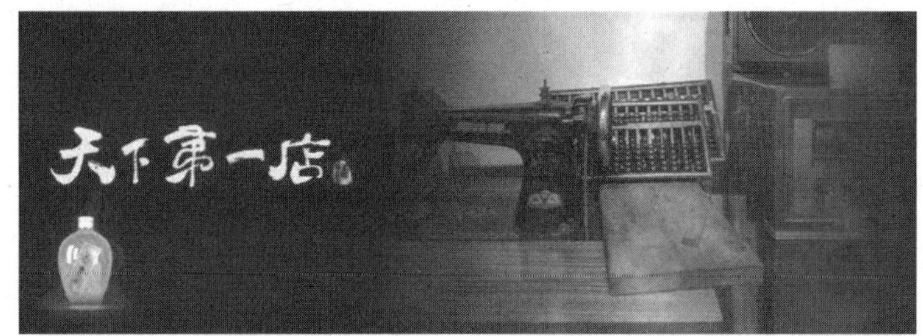

3. 酒醉情浓——天下第一店，只为懂你的人喝醉。

4. 承古方——天下第一店，古法酿造，陈年味道。

5. 藏小窖——天下第一店，小窖精酿，滴滴纯香。

6. 沿百序——天下第一店，恪守工序，品质如一。

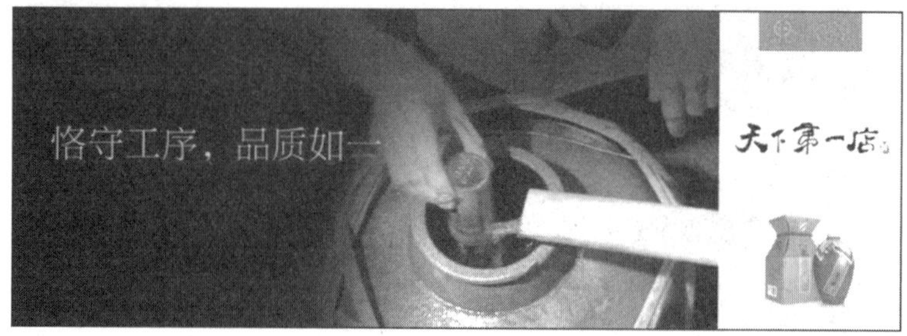

7. 传承千年——天下第一店，传承千年酒文化，滴滴精华，杯杯传情。

8. 淄博味道——天下第一店，专为一座城市酿造，为淄博代言。

9.犒赏人生——何以犒赏人生？天下第一店，替一座城市犒赏英雄。

四、天下第一店品牌形象重塑

时隔多年，天下第一店品牌重启面临的是一个品牌林立的消费环境，必须在原有品牌资产的基础上，进行全面升级，才能具备与其他品牌竞争的条件。项目组通过深入了解品牌背景，分析产品特点和生产工艺等方面的特性，策划拟定了品牌故事和品牌传播语，并重新规划梳理了产品线，对新产品的 VI 形象及包装设计进行了更新换代。

(一)品牌故事

信息爆炸的时代、产品同质化严重，人人都可以创造一个“品牌”，差别在于这个品牌有多少人知道，有多少人喜欢，有多少人愿意为之传播。有感染力的品牌都是通过故事和体验来创造的。为重塑天下第一店品牌形象，项目组结合酿酒工艺、怀旧情感、鲁酒文化、历史典故为天下第一店撰写了 5 个品牌故事，可以从不同角度为品牌传播提供素材。

1.传承发扬《齐民要术》酿酒工艺

自古以来，天下第一店驻地傅山村酿酒之风颇为盛行。北魏时期，其驻地曾属高阳郡，我国著名农学家贾思勰任太守。因当地酿酒业十分发达，贾思勰又天生好学，善于研究，任职期间，他深入当地酒垆，仔细考察并躬行亲尝，在总结当地人酿酒经验的基础上，撰写了 4 篇酿酒工艺原理，并将其写入《齐民要术》。

农学巨著的诞生又为当地百姓的生产实践提供了理论指导，即使在清末、民国战乱频繁时期，傅山村仍有 10 余家私人酒坊，他们沿袭《齐民要术》酿酒原理，以高粱等作原料，麦曲发酵，用蒸馏法酿制白酒，其酿酒技艺也越来越精湛。后人在继承《齐民要术》酿酒精华的基础上，将其不断发扬光大，直至酿造出白酒精品——天下第一店。

2.记忆中的淄博味道

20 世纪 80 年代，天下第一店酒问世，给淄博人心中留下了深深的烙印。从儿童拿着玻璃瓶替父辈打散酒的童稚天真，家人、朋友相聚时举杯畅饮的欢喜愉悦，天下第一店白酒见证着20世纪淄博的大事件，见证着淄博人的悲欢离合，它对淄博人意味着家乡、亲情、归属。无论岁月如何变迁，天下第一店始终是这一代淄博人心中的年代印记。

时至今日，天下第一店将重新回归，复原氤氲在上世纪的酒香，还原几十年前一瓶酒带给淄博人的记忆！

3.天下第一店

天下第一店产地张店，古称“黄桑店”。因当地处交通要道，商贾云集，工商繁华，其中一家张氏店热情好客，经营有方，远近闻名，后被简称“张店”。据说宋徽宗赵佶巡视路过张店，看到店里物品琳琅满目，非常惊讶，遂题写匾名“天下第一店”，其后人酿制的酒被称为“天下第一店酒”。时至今日，天下第一店酒，已成为张店白酒的一个标签，见证张店的发展和时代的变迁。

4.继承齐鲁酒文化

齐鲁文化中，酒是一个重要的元素。齐国开国之君姜子牙曾在孟津卖过酒，他上任后也采取了一些有利于酿酒行业发展的举措。后来又出现桓公狂饮、管仲正酒、孔子在齐以酒解忧等故事。到了清朝，蒲松龄称自己创作《聊斋志异》的情境为“浮白载笔”，淄博美酒激发了他的创作灵感，也成就了《聊斋志异》这部经典志怪小说。

如今，还是在这片土地上，天下第一店传承传统酿酒工艺，继承优秀的齐鲁酒文化，使经典鲁酒呈现出崭新的面貌。

5.朝廷进贡佳酿

据说在清朝，曾有高官奉旨巡至天下第一店驻地，地方官员献上天下第一店酒以款待。高官闻此酒窖香浓郁，饮之甘洌、爽口，回味无穷，随即带进宫里献于皇上，得皇上嘉赏，遂每年都以此酒进京上贡。

（二）品牌传播语

1.天下第一店，品质归来

过去的年代，东西经久耐用，少有以次充好；如今的许多产品，水货横行，假冒伪劣层出不穷，让人猝不及防，心生厌恶。人们怀念曾经的品质时代，期待匠心精神的回归。

天下第一店作为上世纪白酒精品的代表，是品质时代的缩影。归来，一语双关，既是品牌的回归，也是匠心品质的回归。

2.天下第一店，酒香已千年

酒香：衡量白酒好坏，一重要原则是香气谐调持久。酒香可直接点明天下第一店酒质上乘的特点，并与“未醉于酒，先醉于香”的传播内容相契合。

千年:天下第一店传承并发扬了《齐民要术》记载的传统酿酒古方,融合千年齐文化,复原经典鲁酒,可以称得上是香飘千年了。

(三)产品线重新规划

为满足不同消费人群的消费需求,项目组为天下第一店规划了两个产品线:以中低收入人群和城镇平民阶层为消费群体的大众产品系列——“归来”系列,以社会精英阶层和城市中产、富裕阶层为消费群体的中高端产品系列——“荣归”系列。两大系列在产品形象、价格、战略定位、入市策略、消费场景等方面各有差异,可以互相补充,实现产品体系的差异化、丰富化。

产品线规划构思逻辑

产品差异化定位	产品市场定位	产品战略定位	入市策略定位
大众产品系列	中低收入人群/ 城镇平民阶层	实惠/走量为主	怀旧营销/ 情感营销
中高端产品系列	社会领英阶层/ 城市中产、富裕阶层	高端/口碑	怀旧营销/ 圈层营销

(四)VI设计优化及包装设计

1. 旧一代LOGO展示

旧一代LOGO设计较为简单、陈旧;创意缺乏内涵、思想,在品牌联想方面,除了汉字与拼音字母,缺乏任何与天下第一店的品牌联想。

2. 旧一代酒瓶包装展示

旧一代酒瓶包装不成体系,不够精致,不符合现代审美习惯和使用需求。

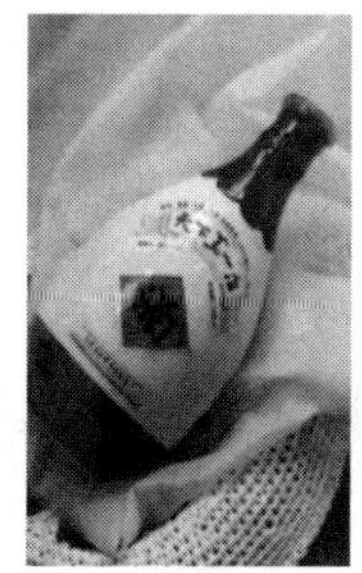

3. LOGO优化方案

天下第一店形象标识充分结合“粮食”“传统酿造工艺”“酒旗”等元素,体现

出天下第一店白酒品质优良的特点。主体部分模仿版画式样，古朴的形式描绘出古时人们通过蒸馏等技术进行酿酒的场景，以求体现天下第一店继承《齐民要术》酿酒工艺的特色。

主体画面两侧环绕着两株麦穗，凸显天下第一店坚持纯粮酿造的匠心。下方飘动着的绸带，为稳重、端凝的整体画面带来了跃动感。绸带中央上书"天下第一店"五个大字，达到了高辨识度、高记忆度的效用。标识整体简洁、古朴，契合传统审美诉求，同时其字体也具有现代化的特征，象征天下第一店此次重整归来，必将进一步结合现代与传统工艺的优势，制作优质好酒。

五、天下第一店上市策略

确定了品牌定位，重塑了品牌形象，重新规划了新的产品线，紧接其后的便是产品上市筹备阶段，即品牌落地实施阶段。一方面，项目组着手准备产品上市方案和传播策略；另一方面，天下第一店的新产品、新包装进入生产调整阶段。根据公司需求和运营情况，以话题传播作为前期造势的主要方法既经济省时，又具备可操作性，后期待产品正式上市，配合新品发布会和圈层营销，可逐步打开市场，扩大品牌知名度和影响力。

(一)造势话题传播方案

话题传播策略确定为以线上为主，线下为辅。在信息爆炸时代，酒香也怕巷子深，信息变成话题就比较容易生存下来。话题传播首选因素应该是网络，网络媒体具有传播速度快、免费共享、互动性高的特点，比传统媒体制造话题的能力更强。

1. 第一期传播话题——全城寻找"小绿瓶"

标题：小绿瓶，你在哪里？

正文：

曾经有那么一个小绿瓶，小巧玲珑，晶莹剔透，打开瓶盖，淡淡幽香。它有时在角落，有时又被放置在桌上。知了鸣叫的夏日，亦或漫雪飘飞的冬天。

它陪伴了父母的青春，还有我的童年。

最喜欢阖家团圆的日子，带上它，听那欢声笑语，闻那香飘满屋。

全城寻找，三好绿瓶。

2.第二期传播话题——召唤见证者

标题：寻找记忆中的酒香，天下第一店

正文：

20年前，饮过我人生中第一杯天下第一店，此后就再也忘不了这一缕酒香。

酒香飘四季，记忆中，所有人生中的重大事件，都有天下第一店的酒香陪伴。

有人说，记忆中的味道总是最好的。因为思而不得，那种香味就显得愈发撩人。

天下第一店，未醉于酒，先醉于香。

3.第三期传播话题——新品期待

标题：小窖精酿·品质归来

正文：

滴滴醇香·记忆中的淄博味道

产自千年酒文化盛地

传承《齐民要术》酿酒精华

×月×日，为您揭晓

4.第四期传播话题——张店第一瓶酒

标题：久别如初见，天下第一店

张店人的第一瓶酒。

正文：

1985年，张店酒厂的诞生结束了张店无酒厂的历史。

1990年，天下第一店酒的诞生结束了张店无酒的历史。

1995年，它的足迹曾遍布全国21个省市和地区，甚至名扬海外。

2000～2008年，它也是唯一一款以张店雅称“天下第一店”命名的白酒。

2017年，如今它已27岁，朝气蓬勃，意气风发，只等君来。

天下第一店，一醉27年，

第一瓶天下第一店出厂至今，已经过去了27年。

1990年，淄博人度过周末的方式，还是全家骑着自行车去人民公园。

一起喝过酒的朋友，现在困难时第一时间想到的人还是他。

27年来，天下第一店见证了一座城市翻天覆地的变化，见证了终生挚友相互扶持。

岁月悠悠，皆融于酒，一醉廿七年。27 年后，重新上市。

5.第五期传播话题——揭秘新“天下第一店”

标题：27 年，新上市，品质归来

匠心之作，全面升级

正文：

传承千年酒文化，滴滴精华，杯杯传情

小窖精酿/纯粮酿造/精选北纬 36°原粮/限量生产

与中科院、五粮液技术合作/甄选博山三十六泉泉水酿造

6.备选传播话题——揭秘品酒师的“舌尖生活”

标题：大师匠心，诚意奉献

鲁酒品酒大师：孟庆功

正文：

他是山东省轻工行业首席技师，曾获“鲁酒品酒大师”称号，在白酒酿造和品鉴上堪称大师级人物。

他专注继承《齐民要术》中记载的白酒酿造方法，又潜心研究白酒工艺创新。

凭借其多年酿酒品酒的经验，诚意为天下第一店酿酒。

每一坛天下第一店入窖封存前，都经过他的验视品鉴。

你可能不认识他，但很快就会记住他。

天下第一店，就是他最好的名片。

（二）新品发布会——明星家族齐亮相

天下第一店诞生至今已有 27 年，期间有辉煌也有停滞。现在天下第一店面临重新上市的考验，需要一次大型公关活动为其发声。因此，项目组策划举办天下第一店品牌发布会。

活动主要目的为：

1.宣布天下第一店重新上市。

2.发布天下第一店两大系列六款新品。

3.宣布天下第一店酒文化体验店成立。

4.完成百粮春一次品牌升华，扩大品牌知名度。

5.招募战略合作伙伴，扩大营销关系网络。

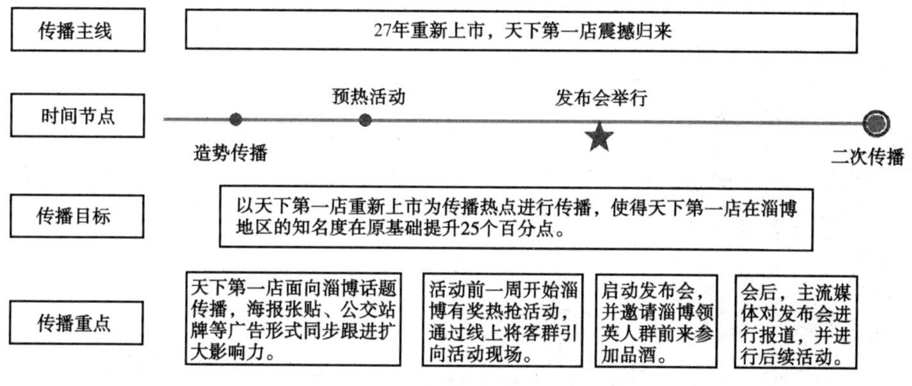

天下第一店品牌上市发布会传播规划图

(三)圈层营销策略

“圈层”可以是广义的具有相同社会属性的阶层，也可以是一个区域内本身具备很强的社会联系、社会属性相近的群体。圈层化是社会发展中必然的特征，这其中会产生明显的多个阶层的分化，也会产生同一阶层的有机融合，同一类人群具有相似的生活形态、艺术品位，很自然就会产生更多联系。

淄博地域较小，仍属于人情社会，人们往来密切。通过找到目标圈层的意见领袖，能够迅速对整个圈层产生巨大的影响力。

圈层传播的策略规划如下：

1. 准确划分圈层。
2. 寻找“圈中领袖”。
3. 挖掘专属渠道。
4. 激发高品质活动品牌效应。
5. 维系圈层。

（案例来源：山东百粮春酒业有限公司）

第四部分

设计传播类

案例1

智享未来城

——济南高新东区规划体验中心广告传播

一、案例背景

2016年以来，济南高新区紧紧围绕济南市“打造四个中心，建设现代泉城”的中心任务，扩区、放权、改革三项重点任务顺利推进。在扩区方面，济南市2016年新划给高新区的代管面积达175平方公里，“一区两城两谷”的产业空间布局正在显现。

自济南市“一主一副五次”的全新定位后，孙村城市次中心将成为济南东部城区的绝对核心，高新东区将引领东部经济发展，持续推进区域产城融合，吸引更多城市人群。“15分钟生活圈”不仅具备国际化设计和高端功能，还将辐射济南整个东部区域；立体式交通体系更是未来经济发展的重要支撑，科学的路网交通、现代都市的高效便捷将在这里得以实现。

一个现代化的未来发展汇报展馆急需落成，通过展览展示，让世界了解济南未来东部的发展潜力和核心价值。济南高新东区商业发展中心认可新之航品牌，将本展馆打造的重任交付新之航平面设计公司。

新之航平面设计公司与济南高新东区商业发展中心有过多次成功合作，曾连续为其打造画册《向东》、“十三五”项目系列折页8款、高新东区发展汇编PPT多版。面对展馆建设任务，新之航平面设计公司成立了一支涵盖文案策划、平面设计、空间设计、沙盘及声光电视听设计的强大团队，势必为高新东区商业发展中心打造一个高水准、多功能的示范性展厅。

二、案例创作过程

2016年6月，新之航平面设计公司在为济南高新东区商业发展中心设计画册时提出了“生态东区、智慧东区、活力东区”以及“创智乐城”概念，得到广告主认可，经由高新东区商业发展中心公众号发布后多次被各大媒体转载。

2016 年 10 月，高新东区商业发展中心展厅进入正式筹备阶段，广告主要求以画册理念为模版，打造生态与工业相融合的展厅风格，全面展示高新东区的特点和优势，呈现未来国际化高端布局。通过多次选址、易址，最终确定展厅所用空间及规模，并经数次会议讨论，广纳各级领导指示和各方意见建议，形成了最终入场施工方案。

2017 年，新之航平面设计公司先后为高新东区商业发展中心提供了展厅一期、二期全部设计方案。方案紧跟济南发展形势，以全新“孙村城市次中心”概念进行打造，植入多项科技互动元素以体现高新东区智能科技发展、山河湖城自然生态优势以及“产城人融合”“宜居宜业”的核心发展理念。

整个展厅的设计打造是一项长期而复杂的工作。从文案策划的步步提炼梳理到设计师们的手绘图一稿稿完善，再到 CAD 图和整体空间图呈现，整个创作过程就这样繁忙而有序地向前推进，这套展厅创意方案日臻成熟，最终成形。

每一个标题和概念都要经过精心提炼，然后进行团队探讨、广告主方沟通，结合济南全新发展形势、地域文化、国际风范，对创意元素层层筛选，保留各方认同的精萃。

每一张图纸和每一个设计效果，都是源自最具灵感色彩的手绘，平面设计师们将灵感留存于稿纸，经过推敲润化，整个展厅的边边角角就这样生动起来。

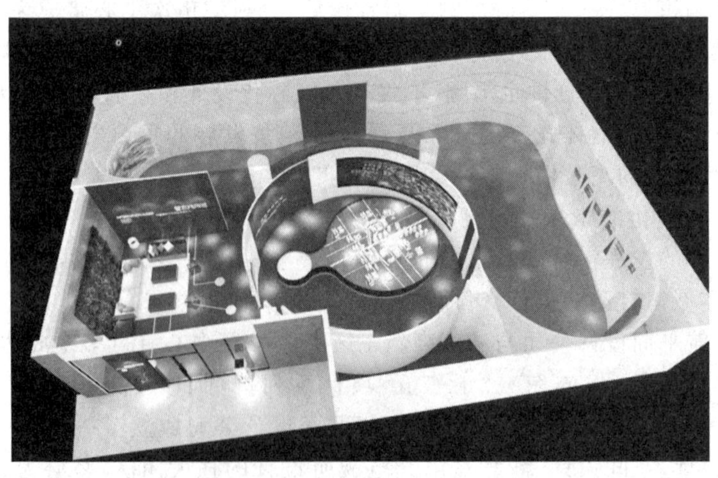

空间设计师则更为神奇，通过严苛的尺寸度量和对空间造型的深度理解，将一页页稿纸立体起来，根据广告主对观感的要求进行打磨，一个展厅就这样最终呈现出来。

三、案例作品展示

展厅整体分为一、二两期工程，其中一期体现总体风格和主观感，使用白膜沙盘和大型弧屏片源将济南市高新区五大片区进行总体介绍，进而深入到高新东区的详解篇章。沙盘设计对高新东区商业发展中心、智能装备城、生命科学城、两河片区、围子山体、彩虹湖公园、全新 8 大项目包等一系列特色地标和自然景观进行点对点呈现，真实展示一个充满生态活力、业态优势、融合魅力的济南新东城。

二期工程对高新东区核心优势进行了充满创意的分述和设计。整个清洁能源步道将贯穿二期整个地面空间，为观访者营造漫步在东区街头的氛围。生态环境通过巧妙的空间设计手法得到充分展现；智能科技应用和高端创新企业元素将成为观访者的“沿途风光”，实现景致互动；3D 片源配合 4D 观影车体为观访者提供全新体验，在新奇享受和探索中真正得到对高新东区未来发展的深度了解。

四、案例亮点说明

（一）创意策划亮点

1.“智享未来城”主题

主题升级自“创智乐城”概念，延续了之前为高新东区策划设计的主线，即以“创新、创业、创造”为核心发展思路，发掘开拓“智能、智慧、智造”的产业及生活脉络，真正打造“乐活、乐居、乐业”的城市次中心。主题突出区域智能智慧引领目标，以产业与自然完美融合的妙趣实现尊享生活，强化了高新东区在未来“融合、创新、开放”发展中的核心引擎作用。

2. 展厅布局理念

展厅采用引入、综述、分述、互动、思考的创意布局设计，通过参观动线引导观访者融入不同分区的展示内容，加深对高新东区发展的理解，引发深度感知和思考。

通过布局，在步入展厅之后观访者首先被启幕厅的整体格调吸引，从而感受到展厅的工业风范和生态景致，并由此步入观展节奏；在综述厅能够总体纵览高新东区的几大核心发展方向，对高新东区的各项优势及未来前景能够充分了解；通过生态厅、智慧厅和活力厅对高新东区的特色和发展规划进行详尽的分述，同时，三个分厅通过生态步道进行串联，实现了细节差异化、整体风格完整统一的设计特色；在尾厅植入互动体验，通过片源观赏引导观访者完成个人对东区的理解和思考，从而带动感受交流。

（二）设计亮点

1. 现代化生态风格设计

为全面渲染高新东区得天独厚的自然生态资源氛围，展厅将山水元素和绿植铺衬植入各方面细节之中。在色调方面，展厅采用蓝、绿等生态色作为主色调，对高新东区山、河、湖等自然优势及特点进行了全面的视觉反馈。

采用绿植墙体设计，呈现以西巨野河、杨家河沿岸及围子山等为代表的具有浓郁特色风貌的东区绿植覆盖景观。

2. 互动科技植入

通过3D立体片源和4D环境模拟座椅车体打造高端互动观影区，使到访者体验行驶在高新东区林荫步道中的惬意感觉。同时，片源内容设计灵活，可以根据广告主不同方向的要求进行片源内容配置，全面展示一个鲜活的魅力东区。

（三）表现形势亮点

1. 工业风

根据广告主要求，在体现东区生态的同时，展厅应具备一定的现代化工业风格，以呼应智能装备城、生命科学城以及区域内各高端科技企业园区。设计团队利用展厅空间高度，对展厅顶部、地面、门体等进行包装打造，通过采用做旧生锈铁工艺、水泥胶漆工艺和钢琴烤漆工艺，合力营造本馆工业元素观感。

2. 墙体艺术

设计团队采用当今展览展示前沿设计形式，对展厅墙体进行整天打造，使之与高新东区的现代化、国际化发展思路相吻合，同时充满文艺气息和文化气氛。

五、案例传播效果

从画册《向东》开始，高新东区商业发展中心就对新之航平面设计公司提炼的多项发展规划中的创意点、概念、标语给予了充分的肯定，并通过公众号进行了包装发布。这也引起了社会各界主流媒体及各大网络论坛的关注和转载。

展厅“智享未来城”的出现，将高新东区的形象推广和宣传推向了一个全新高度。

六、广告主评价

济南高新东区商业发展中心展厅的一步步推进落实，在济南高新区引起了极大关注，特别是在高新区“五大片区”之中引发了共鸣。广告主由对项目的认可到对设计团队的主动对外推荐，在其业内乃至媒体、社会层面为新之航平面设计公司树立了口碑。广告主将本馆作为政府规划及招商类展厅样板，积极配合，多方协调，为能最终呈现一个完美精致的展厅做了大量的辅助工作，足以感受到广告主对本次广告服务的肯定。

当每一个标题、每一案策划、每一版设计在济南高新东区商业发展中心公众号中出现的时候，创作团队感受到的是来自广告主的信任和支持。当合作越发默契，当目标越发坚定统一，那份前行的动力就变得更加强劲，而“智享未来城”展厅也同样会在高新东区惊艳登场，展现济南东部新城的光明未来。

（案例来源：济南高新东区商业发展中心）

案例 2

跃动泉“橙”

——鲁能泰山足球俱乐部品牌 VI 优化设计

一、案例背景

（一）山东鲁能泰山足球俱乐部

山东鲁能泰山足球俱乐部，简称“鲁能队”或者“泰山队”，是一家位于山东省济南市的足球队，其球迷群体庞大，遍布山东各地。其前身为成立于 1993 年 12 月 2 日的济南泰山将军足球队，1998 年 1 月 5 日正式更名为山东鲁能泰山队。中国顶级联赛传统四大豪门之一，获得过很多荣誉，主要有中国顶级联赛冠军 4 次，足协杯冠军 5 次，中超杯冠军 1 次，2006 年更是以创多项中国顶级联赛纪录的方式夺得联赛冠军。2008、2010 赛季均获得了中国顶级联赛冠军。曾经多次代表中国参加亚冠联赛，并且取得较好战绩。

俱乐部成立之初，就确定了“建设百年鲁能俱乐部”的战略目标，严格按照现代企业制度要求，健全法人治理结构，成立了股东会、董事会、监事会，实施股份化改组、商业化运营、企业化管理、规范化运作，使俱乐部步入了健康、持续、快速的发展轨道。

俱乐部后备队伍建制齐全，力量雄厚，二、三、四、五、六队共 27 支队伍全部在潍坊基地进行学习和训练，各个级别的后备队伍先后 38 次获得全国各类青少年比赛冠军。塑造了“要做球星先做人”的培养理念，文化与体育并重，坚持“走出去，请进来”的开放式培养，成功地建设了“中国足球青少年训练基地”。

在俱乐部 10 年的发展历程中，始终立足于山东的两个文明建设，立足于职业化和百年俱乐部建设，努力坚持球队成绩和经营业绩两手抓的方针。一方面坚持不懈地争取“保三争一”的球队目标，另一方面加强广告经营、票务经营和无形资产开发，并逐步向地产业、零售业及其它商业领域进军，形成了完整的球队建制、完备的后备人才培养体系、完善的商业运营模式为一体的整体发展布局，并成为鲁能体育文化产业的核心组成部分。

(二)鲁能大球场

鲁能大球场的前身是济南奥林匹克体育中心体育场，是位于中国山东省济南东南部，为第十一届全运会的主场馆。这座现代化的鲁能大球场位于济南奥体中心西场区，是“东荷西柳”中的“西柳”，为济南奥体中心地方特色设计理念的重要组成部分，也是济南市有史以来最大的一组公共体育建筑。鲁能大球场平面近似椭圆形，南北轴长 365 米，东西轴长约 310 米，共 6 层，建筑面积 14.7 万平方米，可容纳观众 6 万人。工程采用人工挖孔灌注桩基础，主体为框架—剪力墙结构，看台最高点为 35 米，顶部罩棚为折板形空间悬挑钢结构，呈双侧分离式弧线状，最高点 52 米，最大悬挑长度 53.2 米。这样的球场目前国内是最一流的，堪比欧洲五大联赛中的那些魔鬼主场。同时球场还配套建设田径训练场、足球训练场各 1 片，设置 128 间包厢，供高端人士租赁。

2013 年，山东鲁能泰山足球俱乐部迎来成立 15 周年纪念日，面临着品牌形象的整体升级与提升。3 月 24 日，山东新之航平面设计公司接连接到俱乐部关于鲁能大球场导视系统规划设计、鲁能大球场美化设计、足球俱乐部 VI 设计、鲁能大球场展厅、新基地导视系统规划设计、大球场主席台美化横幅设计等 6 项任务。新之航传媒集团高度重视，组织精干力量形成专案项目组，南下北上考察学习，经过 10 个月的时间，确保了任务保质保量地完成，山东鲁能泰山足球俱乐部品牌形象有了很大程度的提升。

二、案例创作过程

(一)调研分析

2013 年，新赛季，新征程，新之航传媒集团助力鲁能泰山实施了俱乐部整体 VI 形象的提升设计。

俱乐部整体 VI 形象的提升设计一切服务于鲁能泰山足球俱乐部在亚洲足球的发展与推广(亚冠联赛)，中英文口号、字体设计、球队图腾等均走国际化道路，设计理念放眼亚洲强队、欧陆豪门俱乐部，项目小组专程赴澳门威尼斯人曼联官方球迷用品实体专卖店进行了实地考察。

鲁能俱乐部在队徽的设计上，以鲁能集团的商标为主要蓝本，用图案的形式把鲁能这个品牌名称的含义间接地表达出来。队徽以橘红色为基调，加上足球的图案和鲁能泰山足球俱乐部的汉语拼音及缩写，简洁鲜明，色彩搭配协调，均匀合理，设计简单明了，寓意深刻，并准确传递产品或服务信息，体现了品牌价值和理念，体现了俱乐部的实力和发展方向。

其中创作的广告语个性十足，令人印象深刻：鲁能泰山足球俱乐部“文化足球，百年鲁能”的口号基于对职业体育和企业发展规律的深刻把握，体现了社会价值和企业价值的和谐统一，是建设百年足球俱乐部战略的重要思想基础，也是推动鲁能体育产业发展的强大动力。

作为鲁能俱乐部长久以来的战略合作伙伴，新之航传媒集团历时 3 个月，以全新的设计理念、品牌营销策略，为俱乐部成立 15 周年献上了一份沉甸甸的“礼物”。

（二）打造鲁能泰山橙色梦幻主场

设计时，将鲁能体育“橙色”元素与原为灰色、绿色的球场墙体、柱体、电梯、走廊、球场观赛台等彻底融合，并对俱乐部全新改造后的 VI 形象进行了无缝隙应用，营造了鲁能体育独有的主场氛围，展示了鲁能体育的风采。靓丽的橙色温暖着球迷，靓丽的橙色鼓舞着球队乘风破浪，让人踏入球场之始便能感受到萦绕在每个角落的浓厚的鲁能体育精神，让球迷来到这里之后有了回家的感觉。

（三）导视系统规划扮靓鲁能泰山新基地

导视系统主要分为外围及内部楼宇导视两大部分。功能性易辨的同时，导视系统的规划设计与新基地内的建筑、景观和色系融为一体，形成了系统性的风格设计。导视系统将鲁能足球的橙色元素作为主色调，创造了一个温暖、舒适的视觉环境，在提供方便、清晰的视觉导向的同时，致力于用导视系统的独特造型向参观者、球迷传播足球的快乐，激发他们在竞技场外对鲁能体育精神和文化的归属感和自豪感。

三、社会评价

品牌设计在视觉上有利于公众识别，特点鲜明独树一帜。俱乐部设计了队徽、标识、队歌等，组织了“橘红色的火焰”鲁能泰山球迷助威团等活动，进行了带有鲁能文化特色的产品开发及销售工作。橘红色作为鲁能泰山的基本色调，作为热情以及拼搏精神的象征，赢得了广大球迷以及社会各界的高度认同。这也是俱乐部品牌知名度提升的标志。

通过品牌改造升级，简洁上口的商业名称受到了社会的高度评价：“在山东鲁能泰山足球俱乐部的名字中，鲁能代表了鲁能集团，而泰山是山东的标志。鲁能泰山足球俱乐部从成立之日起一直沿用鲁能泰山的名称。这样做，一方面有利于俱乐部的持续经营和品牌的塑造，形成固定的消费偏好；另一方面，即使俱乐部股份和投资的主体发生变动，依然不能影响俱乐部的品牌和形象。”

（案例来源：山东鲁能体育文化发展有限公司）

案例3

用最传统的手信礼《等逅》您

——中粮君顶2016《等逅》手信礼盒设计

一、案例背景

2015年9月，中粮君顶酒庄启动联合庄主招募项目，创新推广“酒庄众筹”新模式，针对喜爱葡萄酒的高端人士的品质生活、财富投资、私人订制、个性化身份标签需求，订制了酒庄联合庄主招募专属项目，打造全新的葡萄酒行业联合庄主商业模式，成为传统企业互联网转型的先锋代表。

7.9万元即可成为蓬莱南王山谷君顶酒庄尊贵的庄主，体验最极致的葡萄酒生活方式——拥有专属葡萄园及庄主酒、高尔夫权益、社交沙龙、少庄主夏令营等高端圈层活动。

君顶酒庄将于10月下旬举办联合庄主嘉年华。客户初步意向为：推出一款集众筹葡萄酒模式推广＋红酒文化普及＋创意实用功能的台历，在现场赠与来宾。客户对新之航提出的要求是：设计独特，形式摒弃传统台历的做法，与酒庄众筹模式一起，传达酒庄文化的创意。

二、创意过程

时间紧迫，新之航平面设计有限公司迅速成立项目组，根据客户行业特点及作品需求迅速敲定台历形式——1份月历＋记事本的手信礼盒。项目组用2天时间拿出策划提案，包含手信礼盒策划创意初案《等逅》及框架文字。客户完全同意，表示认同，并着手按新之航提供的策划方案搜集并整理基本文图素材。4天后，素材基本提供完毕，新之航项目组用2天时间整理文字，并进入手绘设计环节。设计过程中，同步进行文字插图等的修改校对，联系印厂，最终于1个月内成功交货。2015 年 10 月 24～26 日，中粮君顶酒庄联合庄主嘉年华在蓬莱耀世开场。在这场全国性的时尚盛典上，由新之航平面设计有限公司应邀为庄主们设计创作的礼物《等逅》赢得了全场称赞。

三、创意设计

台历文案：

2016，丙申猴年，我在中粮君顶酒庄，等待与你邂逅。这份邀约之请，这份见面小礼，让谁也无法抗拒。

四、设计亮点

（一）用文化做创意

1. 手信

“手信”是中国古代对礼品的称呼，旧友重逢、探亲访友、饯行赠别，信手送赠。手信方便轻巧，传情达意；不在于贵，关乎于心。

我们即将为君顶准备嘉年华宴会上回馈客户的“手信”，不在于贵重，而在于用心做有文化的创意设计。

基于中粮君顶的高端时尚行业性质，单一一本台历不足以体现客户的文化积淀及礼物要传递的深情，于是项目组打造“台历＋笔记本”的礼盒套装形式，内容上、设计上无不体现客户需求，并结合新之航设计力量，在文化表达及创作品质上再攀高峰。

2. 主题

我们要创作的是一本猴年台历，在创想主题时，团队成员首先在生肖上大做文章，深情“猴”谊、邂逅（通“猴”）都在我们的主题备选之列。之后联想到君顶酒庄此次推出的众筹招募计划，旨在嘉年华现场向贵宾们推荐，并广发邀请帖。而君顶葡萄酒酒庄，正在蓬莱的南王山谷静静等待尊贵的客人。因此，我们想到了“等候”一词，因为“等候”一词过于平凡，通过“猴”的谐音，我们修改为“等逅”——联合庄主，君顶在此等待与你邂逅。此刻，这一主题表现的文艺气质也随之扑面而来。

(二)内容创意

1. 台历

每一个月份独立成章，根据月份特点，结合红酒文化，创作 12 个不同的主题，如 1 月的“浪漫”主题，2 月的“相见欢”主题，3 月的“满庭芳”主题，4 月的“倾城”主题，5 月的“友聚”主题，6 月的“童趣”主题，7 月的“游园”主题，8 月的“时光”主题，9 月的“邂逅”主题，10 月的“嘉年华”主题，11 月的“慢享”主题，12 月的“期许”主题，12 种与葡萄酒有关的生活方式通过台历的翻动娓娓道来。

主题里既有词牌名，又有美好的寓意如慢享、浪漫等，同时紧密契合“等逅”大主题，延伸出相聚、邂逅、童趣、游园等风雅活动，奠定了手信礼盒尊享、唯美的调性。

2 月的“相见欢”主题

3 月的“满庭芳”主题

2. 记事本

我们为手信礼盒搭配一款记事本，这是为君顶酒庄联合庄主定制的专享记事本，用来丰富礼盒的实用功能。它更像是一本说明书，既有对本次庄主招募计划最详细的说明，庄主权益在记事本里淋漓展现，同时不失日历的功能，庄园美景以插画的形式装饰于笔记本细节之处，翻开笔记本，酒庄特有的美景与酒香扑面而来。

（三）设计创新

君顶手信礼盒由以下四部分组成：牛皮纸袋、相框礼盒、手绘台历 12 份及亚麻布面记事本 1 本。

台历采用盒式套装，每一个月份独立成章，盒体有支架，方便取用摆放。基于内容文字对 12 种葡萄酒生活方式的介绍及文艺唯美的调性，我们采用插画手绘的设计形式来体现文案之美。

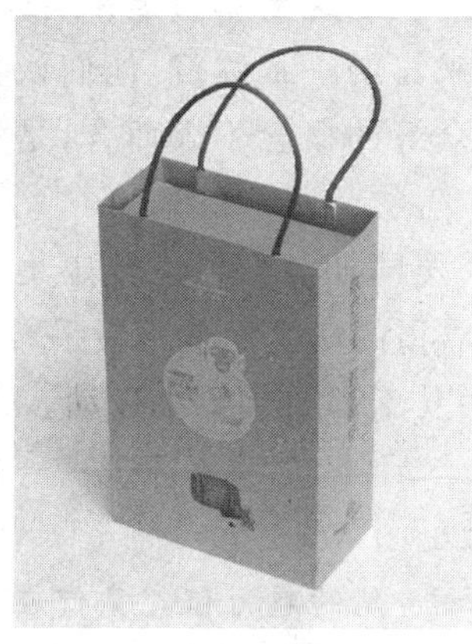

因为采用双层贺卡式设计，台历单页共选用 24 幅手绘插画。手绘插画紧密贴合每一月的主题，红酒文化、庄主权益等要素完美融合于 24 幅画面之中，没有任何突兀之感，让文化元素与商业要素紧密配搭。设计师在半个月内共手绘近百幅作品，才精心选择出台历上的 24 幅插画。

笔记本细亚麻布作为记事本封面，更显文艺清雅特质，一年 365 天日程排列，美学与实用同在。

（四）印刷工艺

手信礼盒采用了丝网印、烫金、四色印刷等传统手工印刷，深圳国彩最好的工匠亲自上阵，匠心独具，较好地再现了创意设计之美。

整体礼盒色调统一和谐，尽显自然之趣。首先是牛皮纸带，选用原色，契合葡萄园原生态的风采。其次是承载台历与记事本的天地盖礼盒设计，表达天地合一的设计诉求。

这是一本可以站立的台历，礼盒可以打开，通过用户手动折叠为相框，增添趣味性。其中的12页台历可立于亲自折叠出的相框中。

台历单页设计为双层，其实是增添另一种功能，不仅可以立于相框中，还可串绳悬挂，更显文艺气质。

台历页正面是唯美文字及月份提示，反面可用于记事。采用的纸张材质多样化，可让视觉与触觉拥有更多的层次感。

台历单页集卡片、折页、贺卡等多功能于一身，采用模切、起凸烫银、印银、激光雕刻等工艺，翻阅起来如同穿梭于酒庄之中，美酒香气萦绕于字里行间，赏图如身临其境。

记事本使用亚麻布封面，进一步呼应“天地合一，回归自然”之意。

五、传播效果

手信礼盒创作完成后，即刻运送至烟台蓬莱客户处，便于嘉年华使用。活动现场，手信礼盒受到所有来宾的一致称赞，他们认为此款礼品彰显了中粮君顶的文化气质，与酒庄创新众筹的概念不谋而合，是他们在本次嘉年华收到的最惊喜的礼物。

新之航平面设计有限公司同期与新之航传媒集团微信公众号发布案例新闻，题目为《据说，她让中粮君顶的庄主们爱不释手》，以醒目、吸引人的标题，在集团上下及集团微信号的朋友圈都引起不小轰动。作为一篇案例新闻，2小时内就达到了500＋的阅读量。

以下为案例新闻文案及配图节选：

能让庄主们爱不释手，她的魅力值究竟何在？

她是一份叩击人心的“情”。手信，是中国古代对礼品的称呼，旧友重逢、探亲访友、饯行赠别，信手送赠。2016，丙申猴年，我在中粮君顶酒庄，等待与你邂逅。这份邀约之请，这份见面小礼，让谁也无法抗拒。

她有一张媲美艺术的“颜”。相由心生，再有内涵，颜值不够也枉然。12种与葡萄酒有关的生活方式，譬如相见欢、游园、邂逅这样的心事文字，与双层手绘设计更配哦。这就是艺术的美，高颜值才能一见倾心。

她有一颗苛求创意的“心”。《等逅》手信礼＝盒式台历套装＋亚麻布面笔记本。就说这台历吧，每一月份独立成章，方便取用，盒体有相框支架，小小细节温暖你心。不创意，怎能惊艳？

君顶网站及各大新闻网站也同时上传发布嘉年华的新闻，《等逅》台历手信礼盒随之一炮而红，更多客户看到新之航平面设计公司创意台历制作后，纷纷致电要为自己的企业定制专属礼品。

（案例来源：中粮君顶酒庄）

第五部分

网络互动类

案例1

为未来而来的“向日葵”

——“向日葵来了”一站式生活服务平台推广传播策划案例

一、案例背景

“向日葵来了”是青岛向日葵互联网信息服务有限公司以“物联网品牌社群”为理念倾力打造的共享众包孵化平台。

作为一个初生的一站式生活服务平台，“向日葵来了”急需一个综合性的广告公司去运营公众号，进行品牌推广等业务，新之航传媒集团作为中国领先的品牌战略服务商，以品牌战略的角度运营及规划“向日葵来了”的推广传播，双方在方向上达成了高度的契合。

二、行业分析

品牌社群定义为“一种建立在使用某一品牌的消费者间的一整套社会关系基础上的、专门化的、非地理意义上的社区”。品牌社群以消费者对品牌的情感利益为联系纽带。在品牌社群内，消费者由于基于对某一品牌的特殊感情，认为这种品牌所宣扬的体验价值、形象价值与他们自身所拥有的人生观、价值观相契合，从而产生心理上的共鸣。在表现形式上为了强化对品牌的归属感，社区内的消费者会组织起来（自发或由品牌拥有者发起），通过组织内部认可的仪式，形成对品牌标识图腾般的崇拜和忠诚，是消费社区的一种延伸。

随着当今通信技术的迅速发展和市场全球化的加剧，市场上形成了一个个由消费者组成的消费群体，其作用和影响力或对企业的意义有别于以前相对孤立的单个消费者。

这种新的消费现象主要体现在以下三个方面：

(一)消费者与企业的联系在加强

今天的消费者与相互竞争的各个企业的联系有所增强,企业面临着如何与消费者接触的问题,它们需要新的沟通媒介来更好地与消费者沟通。

(二)消费者与消费者的联系在加强

消费者不仅通过电话、网络和无数的甚至跨越国界的兴趣组织进行交流,而且更重要的是通过开展实际活动进行面对面的互动交流。组织群体和社会网络对个体行为的影响在速度和强度两个方面不断提高。

(三)消费者与第三方的联系在加强

产品评论和价格、服务对比增强了消费者与提供信息的第三方的联系市场变得更加透明,消费者的满意度也相应提高。总之,消费群体对个体消费者关于品牌的认知、偏好和忠诚等都会产生显著的影响。

社群经济由于产业环节的增加而产生更多的新兴模式,项目孵化、众筹、众包、信息对接与深度合作等都将成为新的机会点。

社群意识是一种归宿感,即社群成员相信彼此之间及与整个社群之间都有联系,各自的需要都可以通过这种联系得到满足。

三、消费者分析

(一)目标人群消费心理

25～45岁的中高端消费人群,工作的时间占据了重要地位,娱乐也趋向外向型。

对于家:不管,不问,不收拾状态。

他们需要一个“管家”,这样就能腾出来尽量多的时间去娱乐,这是生活方式,也是他们工作努力的嗨乐方式。

(二)目标人群消费需求

一个保姆——为家的整洁保驾护航

一个月嫂——为孩子的成长保驾护航

一个家教——为孩子的未来保驾护航

一个长工——为他的生活保驾护航

一个全能管家——回到家后能达到不能自理的舒适

四、品牌梳理

“向日葵来了”是青岛向日葵互联网信息服务有限公司以“物联网品牌社群”为理念倾力打造共享众包孵化平台。全面深入地服务城域政府、大型企业、小微企业、家居客群,致力成为中国物联网品牌社群共享众包孵化平台新标杆。

创新“共享经济＋社群服务＋大数据”的平台机制，为打造诚信、公平、创新、共享的服务模式生态圈奠定坚实基础。

“向日葵来了”将全智慧产业链资源及行业大品牌战略服务资源进行整合，搭建社群生活服务平台，下设三大业务板块，10余项业务单元，依托平台大数据，拓展社群服务市场，孵化个人及中小微企业创业，打造共创、共享、共赢物联网品牌社群服务生态圈。

五、传播推广思路

(一)Social传播要兼顾两个群体的传播需要

1.可读性、话题性、幽默感

平台供应商爱看愿意看，让老板看得到还能有动力传播。

2.话题性、趣味性、互动性

消费者爱看爱玩，符合互联网和社交传播思路。

(二)传播节奏

三步传播节奏：吸睛造话题，互动增了解，尝试添口碑。

1.吸睛制造话题

高关注度IP、高质量内容，话题产生话题并放大话题。

话题示例：

养儿到底该自己养还是寻求机构？

养家该靠媳妇还是靠保姆？

如果有一个机构能给你的父母带来全方位的养老，你愿意让你的父母去吗？

2.互动增了解

双微事件营销，品牌发声。

3.尝试添口碑

感兴趣、深度了解的传播——让“向日葵来了”的功能深入人心。在此基础上，我们需要趣味形式沟通“向日葵来了”是如何被使用，可借助现有的高曝光、高接受度的媒体，如《因为爱情有奇迹》电视剧类似的形式，以及通过口碑传播和KOL推荐的形式告诉消费者。

六、传播过程

(一)“向日葵来了”首届“泉城最美孕妈”评选活动

H5视觉图创意说明：

“向日葵来了”“泉城最美孕妈”评选活动是“向日葵来了”上线以来在济南地区最大规模的一次线上活动，所以传达品牌定位以及品牌理念尤为重要。

孕妈是社会属性里最特殊的一类人群，她们预示着新生活以及新生命，因此，主视觉颜色采用主 VI 色的亮黄色，给人以生命之力的感觉。

在 H5 元素运用上，采用了向日葵的异型元素，以及孕妈活泼的形象。这也代表了本次活动的中心思想——做最美孕妈。

H5 主背景采用太阳的元素，也给人积极向上的印象，这样从颜色、元素、理念和文案四大方面全面展示活动思想，表达对孕妈的美好祝愿。

（二）“向日葵来了”济南站品牌发布会

1. 主视觉

创意说明：

色彩：主视觉以红色呈现，红色代表热烈、激情、革命。“热烈”表达了“向日葵来了”对整顿生活服务行业不规范举措的热烈愿望，这也与“向日葵来了”和 SGS 合作，作为唯一诚信认证的服务平台的初衷相匹配；“激情”表达了“向日葵来了”众多工作人员如同辛劳的小蜜蜂，不辞辛劳、日夜兼程地让平台尽早上线，并且在用户的使用过程中不停地去提高平台的服务质量。“革命”表达了“向日葵来了”致力于成为中国物联网品牌社群共享众包孵化平台新标杆的决心，这是一次尝试，也是对这个行业的一场革新。

字体：字体科技感十足，表现了“向日葵来了”积极响应“互联网＋”和“双创”的国家战略。字体颜色以金色为主，代表了“向日葵来了”对未来充满信心，金色代表力量，代表地位，从侧面表现了“向日葵来了”的战略定位。

2. 展板设计

创意说明：

品牌展板位于品牌发布会长廊，属于宾客必经之地，因此展板设计内容应包括品牌介绍。因受场地的限制，展板以板块的形式呈现，更多地用几何图形来囊括繁杂的文字。

展板使用了“向日葵来了”主 VI 色，从色彩上传达品牌理念。多处小蜜蜂的运用，也彰显了品牌属性以及品牌所倡导的小蜜蜂精神。

最后，将品牌定位与战略布局联系在一起，用未来发展图来展示“向日葵来了”的未来蓝图。

3.“向日葵来了”济南站品牌发布会倒计时海报

创意说明：

“向日葵来了”，一站式优质生活服务平台，给消费者带来全新的“三养”时代。可谓是开启了新世界的大门。

“向日葵来了”作为生活服务平台更多地致力于解决当下上班族的麻烦事，画面主角代表了对未来充满憧憬的万千上班族。

海报主视觉，更偏向于油彩，颜色从黑色夹杂绿色一直演变成白色，也代表了“向日葵来了”的愿景，创意灵感结合用户需求所产生的创意效果得到众多业内人士的认同。

（三）“向日葵来了”其他物料设计

1. 储值卡设计

创意说明：

储值卡是流动于市面的实物，因此它必须更多地承载品牌信息。所以，在储值卡的设计上采用了“向日葵来了”的主视觉颜色，正面使用占幅较大的小蜜蜂来表达品牌的服务理念。右上角两行文字既表现了“向日葵来了”“养儿、养老、养家”三大业务板块，也表达了“向日葵来了”的品牌属性，即一站式生活服务平台。

2."向日葵来了"各版块内容推广易拉宝设计

创意说明:

"向日葵来了"下设家教、笔杆子、月嫂、保姆、育婴师、护工、维修车服务、保洁、搬家、跑腿等10几个板块,这样就出现品牌宣传在市场的表现上会稍显较弱的问题,基于此,我们做了一套针对各个板块的易拉宝设计。

文案以反问句的形式出现,更能引发消费者的好奇心,从而引导消费者继续阅读。板块设计的颜色与三大板块主视觉保持一致,从色彩上"教育"消费者。不同的板块用不同的形容词,表现"向日葵来了"优质的生活服务。

七、社会评价

以"向日葵来了"首届"泉城最美孕妈"评选活动为例,从8月21日上线,截至9月18日活动结束,"泉城最美孕妈"评选活动共受到81938人次的关注。活动初期,活动关注度呈指数增长。为了感谢大家的厚爱,在活动访问量"破四万"时将获胜奖品进行了升级,一等奖、二等奖、三等奖获胜名额全部翻倍。

本次活动影响到200000+人次的关注,直接影响50000+个家庭,参加活动的孕妈在活动结束时很多都已到待产期,也有的已经迎接了自己的宝贝,本次活动见证了妈妈的辛苦和美丽,也见证了"向日葵来了"美好的愿景。

(案例来源:青岛向日葵互联网信息服务有限公司)

第六部分

影视广告类

案例 1

与你同在，相伴一生

——《中国建设银行系列微电影(共二季)》

2015 年，新之航传媒集团根据中国建设银行客户对外宣传需求，以微电影的创作形式，分别围绕两个不同的主题，创作出两季系列微电影。系列微电影《成长日记》是由中国建设银行山东分行响应中国建设银行总行号召，面向广大受众，立足于彰显建设银行的品牌形象以及对外文化宣传推广，凸显服务优势，树立行业标杆等需求。2016 年 6 月，系列微电影二《取不出钱的存单》响应中央对金融行业合规文化的宣传需求，迎合中国建设银行 2016 文化宣传主题——“合规文化”，延续第一季微电影的写实风格，围绕“合规文化”影片宣传主题，开展第二季中国建设银行微电影的创作。两部微电影通过不同的情景设置，都达到了打造温情、规范服务的中国建设银行形象的效果，起到了较好的宣传作用。本案例尝试分析一种适用于银行品牌乃至其他品牌，以影视手段推广企业形象，构建企业文化品牌的方式。

一、案例创作过程

前期沟通：项目负责人、文案创意人员直接与客户进行沟通，了解中国建设银行本次影视宣传的相关需求，如影片主题、影片形式、播放媒介、宣传亮点、影片时长、影片风格、创作周期等。

文案创作：根据前期沟通，创意组成员集体进行头脑风暴，筛选出最符合客户需求的方案，并整理成文字版初稿，提交客户审阅。方案通过后，细化解说词，完成详细的解说词文字稿，与客户沟通，修改并确定文字稿。

分镜创作：导演根据文案人员与客户敲定的文字稿，进行拍摄分镜的创作，细化到每一个场景、人员、道具、镜头，制作完成后与拍摄人员、制片进行沟通，制定详细的拍摄计划。

现场拍摄：制片在中国建设银行客户协助下，协调银行相关拍摄场地，并负责联系演员、场工、化妆师、车辆、道具等，做好拍摄前的准备工作；摄像师根据拍摄脚本和现场导演安排，在各拍摄场地完成画面拍摄。

剪辑包装：剪辑师和特效师与导演、文案人员进行沟通，做好后期前的准备工作，根据脚本和拍摄素材进行后期制作。初稿完成后，由项目负责人进行内部审片，审片通过后完成影片初稿。

审片交稿：后期同事邀请客户审片，听取客户的反馈意见，并根据客户需求进行局部调整，直到客户满意，将影片终稿提交客户，完成该影片的整体制作。

二、案例亮点分析

（一）系列微电影—《成长日记》

创意初衷：品牌认可源自价值认同，以温情故事，实现情感共鸣，彰显品牌的温度。

影片核心：成长、陪伴。

创作思路：

儿时，每当收到压岁钱，父母都会义正词严地说："我帮你存起来。"如今，这句话已成为网络流行的调侃段子。诚然，压岁钱不可能一直存于银行，而是被父母花了，但钱花到了哪里却成为我们的另一个困惑。

无论是用于学业、就诊，还是用于养老，钱一定会陪伴我们一生。陪伴我们一生的却不只是钱，在存取之间，我们每个人的一生都与银行绑定在一起。基于以上原因，本片故事与银行之间便搭建起千丝万缕的联系。与此同时，"我们与你　一生相伴"的主题便应运而生。

因此，本片将通过一名女生在 18 岁成人礼上，以"压岁钱去哪了"的玩笑引出一本"压岁钱的成长日记"，渲染母女之间 18 年的温情相伴。

影片以温馨感人的画面、音乐为主，人物对话少而精，情感细腻。

剧情梗概：

1. 在女儿 18 岁成人礼上，一家人其乐融融。席间，女儿玩笑道："我的压岁钱都被母亲花了。"母亲没有多言，而是返回屋内。

2. 母亲从屋内拿出一个盒子。盒子里面除了多张存折和银行卡以外，还有一个精致的本子，封面上写着"成长日记"。本子内记录了每一次消费的"压岁钱"，以及所对应的母亲的心里话。这本成长日记，记录下承载着母爱的一笔笔支出，也记录下无数个温情时光。

3. 女儿翻开成长日记，轻轻地念(如)：

1998 年 1 月 28 日，新春佳节，宝宝第一次叫出“妈妈”并收到人生中第一笔压岁钱×××元。妈妈爱你。

1999 年 9 月 9 日，宝宝第一次去照相馆，花费××元。妈妈希望记住宝宝小时候的样子。

4.(叠音)女儿的声音慢慢变成妈妈的声音：

2000 年 6 月 7 日，宝宝住院，花费×××元，妈妈希望宝宝快些好起来。

5. 随着母亲的呢喃，影片倒回过往画面。

6. 幼年的女儿生病了，母亲带着女儿奔向医院。慌张而坚决地取出钱，交到医院。女儿睡着了，母亲在一旁安静地陪伴。

7. 上小学的女儿朝气蓬勃。母亲陪伴女儿出游。母亲在“成长日记”上写上：

2006 年 5 月 25 日，宝宝第一次出游，花费×××元，妈妈希望宝宝快乐成长。

8. 青春叛逆期的女儿与母亲发生争执，女儿索要压岁钱未果。母亲实则是把压岁钱存进银行，买了理财产品。在银行，母亲仍然自豪地说，这些钱是要给聪明的女儿上大学用的，还有以后的嫁妆。

9. 画面温馨且快速地闪现着母女俩之间关于压岁钱的若干小故事片段。每一个关于压岁钱的小片段中，自然带出与银行之间的交集。

10. 母亲叙述完毕，回忆的镜头同时结束。而此时，女儿已经被感动得泪流满面。镜头从泪流满面的女儿缓缓摇到眼眶微红的母亲。镜头再摇回到女儿时，成年的女儿变回了童年的样子，开心地笑着。

无论是成长后的感动泪水，还是儿时的开心笑声，都是成长的幸福，都与银行环环相扣，契合“相伴”主题。

11. 在温馨的氛围中，画面定版，出现主题语“我们与你 一生相伴”。

12. 彩蛋：女儿在一个笔记本中缓缓记录下：

这是我的第一份工资，存入 2000 元，愿爸爸、妈妈永远身体健康……

笔记本合上，封面标题是“陪伴日记”。

全片结束。

(二)系列微电影二《取不出钱的存单》

创意阐述：本方案从柜员小王的角度，讲述一则关于合规的故事。通过小王爷爷及父母理念的不同认知，和女储户办理业务中所遇到的变故，向社会传导人人合规、处处合规的意义。

人物设定：

柜员小王(女)：精通业务知识，但是作为“90后”的年轻人，对于合规的概念并没有很成熟的理解。

主管(女)：小王的上级领导，40岁左右，业务能力出色，沟通能力强。望借此代表建行该岗位的最佳形象。

小王爷爷：数十年来，一直从事厨师行业。哪怕退休后在家做饭，从食材到调料都严格按照最传统的要求去做。喜欢听戏。

小王父母：国企办公室职工。他们见证了中国从计划经济到市场经济的转变，原本有些刻板的他们认为现在的社会不必死板地遵守规矩，而是应当灵活应变。他们的想法对小王有着直接的影响。

女储户：四五十岁，因其老父亲卧病在床，无法亲自到营业厅办理业务。该形象虽然比较市井，且合规意识较弱，但人性十分善良。

某男子：20余岁，社会无业人员。在捡到女储户遗失的证件后，以求获得不义之财，并最终被绳之于法。

创意亮点：为使影片更有可观性，我们着重增加影片的“电影感”，在影片开头增加了模仿电影《饮食男女》中父亲做菜的精彩镜头，得到客户的高度认可。

三、传播效果与社会评价

(一)鲜明主题和温情叙述打动受众

随着受众欣赏水平和精神追求层次的逐渐提高，对于视频创意与创作的要求也越来越高。微视频以“时间短，故事简约”著称，在这个基础上，更是考验创作团队的创意能力。在本案例中，系列电影一以“亲情”为主线，主题鲜明，强调建设银行时刻陪伴着人的成长，为爱助力。

在微电影中无论是成长后的感动泪水，还是儿时的开心笑声，都是成长的幸福，都与银行环环相扣，契合“相伴”主题把亲情和爱融入进建行的服务理念中，形成了温情的品牌文化内涵，更容易打动受众，主打感情诉求的满足，从而达到了品牌宣传的目的。

(二)电影思维铸造细致镜头

两部系列微电影的成功除了在于创意的严格把控，还有拍摄时的细致精良。相比第一部微电影，第二篇的主题更加明确。“合规”的主题略带严谨性和严肃性，但是服务单位以多个故事进行线索式串联，并且在第二部微电影中，开头采用了与《饮食男女》相近的影视化片段，富有观赏性和吸引力，能够使受众主动选择观看下去。两部微电影视角更加人性，少了宣传和教化的刻板成见与模式，使平凡人的生命感悟和生活脉动与建设银行息息相关。两部微电影不仅仅推动了“合规”观念的传播，更推动了整个建设银行的品牌文化与内涵的构建，符合建设银行的宣传推广需求，产生了良好的社会效果。

（案例来源：中国建设银行）

案例 2

创意动漫，让旅程更轻松

——山东航空乘机小常识 MG 系列动画广告策划

《山东航空乘机小常识系列 MG 动画（共三季）》以山东航空专业而详实的乘机知识为基础，结合当下最时尚的微动漫表现形式，将所有画面内容通过纯手绘方式展现，是国内首部“乘机小常识”微动漫视频。视频以幽默的语言、搞笑的画面，传达专业乘机知识与安全信息的同时，博得乘客会心一笑，为枯燥的旅途增添一抹亮色，真正实现了时尚新颖、通俗易懂、寓教于乐、老少皆宜。

一、基础研究和创作过程

（一）三部微动漫创作背景

第一季背景：新之航影视摄制公司通过与山东航空集团的多年紧密合作，对山东航空的传播需求有着深度认识。为针对客户的创新要求，新之航影视摄制团队将时下最为流行的微动漫形式，与《乘机须知》宣传片相结合，打造了国内首部《乘机须知》微动漫视频。

第二季背景：自第一季山东航空乘机小常识微动漫投放以来，累计收获了近千万的点击量，以及良好的社会口碑。为了延续该系列片对品牌带来的积极作用，在与客户充分沟通后，启动了山东航空乘机小常识系列 MG 动画。

第三季背景：从第一季相对简单的画面和动作，到第二季品质大幅提升，山东航空乘机小常识系列 MG 动画已经树立了自己的品牌形象。因此，该系列片的第三季进入制作、投放也在情理之中。

（二）案例创作过程介绍

1. 初步沟通，了解客户需求。

2. 撰写创意思路、框架。

3. 明确创意思路，撰写完整解说词。

4. 沟通、修改，确定解说词。

5. 根据解说词完善人物设计及场景设计，绘制分镜头脚本。

6. 人设、场设、分镜确定，进入动画制作环节。

7. 剪辑、配乐。

8. 修改完善，直至定稿交片。

二、案例亮点说明

(一)创意新颖，画面明快

第一季：为了贯彻“创新”精神，让每一位山航乘客享受到更为精彩的飞行旅途，山东航空集团与新之航影视摄制公司强强联合，通力打造中国首部《乘机须知》微动漫视频。新之航影视团队摒弃了刻板的表现方式，以时下最为流行的“微动漫”为载体，将专业乘机知识与安全信息进行了有效传达。

第二季：新一季微动漫不仅延续了轻松与幽默的氛围，还巧妙融入TVB、甄嬛体等时下流行元素。较之上一版本，本季最大的亮点仍然是动画人物、背景的设计与制作。扁平化风格更加统一，人物动作也由简单的位移变得更加细致丰富，连音效及配乐也令人耳目一新。

第三季：《山航乘机安全小常识》微动漫作为寓教于乐、老少皆宜的MG系列动画，已经到了第三季。新之航影视一路创新求变，从未辜负山东航空的信赖，更为旅客奉献了万米高空的视听盛宴。本作彻底颠覆前两季的人物形象，以孙悟空师徒四人为主角，搞笑演绎“西天取经”的故事情节，展现全新的乘机安全小常识内容。

(二)人设鲜明有趣及细致分镜

(三)创意文案

第一季：

各位旅客朋友，大家好！欢迎乘坐山东航空公司的航班！当您看到这个视频的时候说明您已经坐上了飞机，并将在未来一段时间内飞行在万米高空！坐飞机可不是推着自行车买菜，所以“安全”至关重要！

关于“安全”问题，经常会有人问：“为什么要系安全带?”答案很简单：“如果不系安全带，你会比飞机‘飞’得还快。”开个玩笑，不用紧张。系好安全带将是安全飞行的第一步！

(画外音：安全问题之为什么要阅读安全须知卡?)

起飞前，旅客不仅要注意收听安全须知，阅读放在座椅背后口袋中的安全须知卡，还要搞明白紧急出口的位置，因为不同的机型逃生门的位置也是不同的。举个例子，CRJ 型飞机的逃生门在×××，波音 737 型客机的逃生门在×××，而歼 10 战斗机的逃生门……(画外音：亲，这个没有必要知道吧～～～)总之，离您最近的出口很可能就在您的座位附近。此外，还有许多安全常识，能在关键时刻为您的生命提供重要的安全保障！

(画外音：飞机上为什么不能吸烟?)

就算你吸烟的英姿帅过周润发，也不能在飞机上吸烟。《中华人民共和国民航法》以及《国际航空安全法》中规定，严禁乘客在飞机上吸烟，以及雾化电子烟类产品。

在飞机这样密封的环境下吸烟，不但有害您及他人的健康，还对飞行有着极大的隐患，极易发生火灾。飞机的卫生间同样装有烟雾探测系统，如果您不想在方便的时候被空警破门而入的话……亲，还是忍忍吧！

……

(画外音：飞机上，还有哪些行为是不能出现的?)

醉酒乘机——不行！

骚扰乘务员——不行！

寻衅滋事——不行！

吃榴莲、臭豆腐——这！(有点结巴)

抢着开飞机——不行！

擅自跳伞？这个真没有！

总之，任何不服从安全管理的行为——统统不行！

……

现在，让我们共同努力，续航安全，成就梦想。Shandong Airlines，走起！

第二季：

女士们、先生们，ladies and 乡亲们！大家是否早就怀念起大明湖畔的山航乘机安全小常识了呢？下面，就请大家怀着无比饱满的热情，欣赏由山东航空公司荣誉出品的山航乘机小常识第二季！

乘坐飞机，安全永远是最重要滴，而系好安全带，将是安全飞行的第一步。在此，山东航空对每一位遵守安全乘机规范的旅客表达无上的敬意与感谢，点 32 个赞！

闲言碎语不要讲，第一个问题闪亮登场！

……

为什么乘机时，移动电源有规格限制，且不允许托运？

自打盘古开天辟地，锂电池便一直存在于《危险物品安全航空运输技术细则》名单中。锂是一种很不稳定的金属，锂电池在特定环境下遇热容易自燃。如果锂电池放入行李托运，容易受到碰撞或挤压，真心是安全隐患啊。所以，国际民航组织规定，锂电池必须作为手提行李携带登机，且电池中的锂含量不得超过 2 克。但是，小伙伴们也不要担心，绝大多数手提电子设备中的锂电池是不会超标的。（盘古：那二般情况呢?）盘古大神，你这么可爱，家里人知道吗？如果是携带大型电子器材或托运锂电池，不但要提前检查锂电池容量，还要按照规定办理手续。

……

滑行时，为什么不能站立在客舱或打开行李架拿取行李？

（甄嬛风格）本宫近日听闻，滑行时万不可站立在客舱或打开行李架拿取行李，且不说紧急刹车致使站立不稳摔倒，倘若因一己私心造成行李脱落，砸伤他人，那也是细思极恐的。方才思忖，飞机起飞、降落、颠簸，势必会使得行李位置挪动，乱了章法。若旅客朋友们在打开行李架提取行李时万千小心，避免伤及无辜，定然极好，倒也不负了山东航空的一片情谊，片情谊，情谊……（此处有回声）咳咳，时间差不多了！最后还是那句老话，让我们共同努力，续航安全，成就梦想。Shandong Airlines，走起！

第三季：

白龙马，蹄儿朝西；

驮着唐三藏，来山航坐飞机；

乘机常识要牢记，转眼已到第三季。

……

主持人：自打《安全小常识》播放后，旅客朋友纷纷表示，对乘机知识有了相当全面的了解。然而，马克思主义教导我们“理论必须联系实际”，所以特别策划这场真人秀，让嘉宾亲身感受安全乘机的点点滴滴。闲言少叙，有请嘉宾“大唐 F4”闪亮登场！（唐三藏、孙悟空、猪八戒、沙和尚闪亮登场，可参考唐伯虎点秋香）

主持人：乘坐飞机，毕竟不是去米兰走秀，所以一定要穿着舒适的衣物和鞋子。否则，不是坑爹是坑自己啊！大件行李和危险物品决不能带上飞机。没错，藏在耳朵眼儿里的危险品也不行！（枪支、弹药、军械、禅杖、钉耙被拒之门外，沙和尚的货物等都已托运，X 光图照到孙悟空的耳朵里有金箍棒）

……

主持人：下一题，着火了怎么办？

孙悟空：想当年俺老孙在太上老君的炼丹炉里……

唐僧：你这泼猴，休得胡言！八戒，你说！

猪八戒：嘿嘿，为了不变成红烧肉，俺老猪可研究过。虽然俺贵为天蓬元帅，但失火时，也要大声呼喊乘务员，弯腰低头，捂住口鼻，听从指挥。如果条件允许，可打湿座椅头片。万不可随意大面积移动，尽量保持飞机平衡。

……

此外，紧急出口也只能在发生紧急情况时打开，若擅自打开，哼哼，五"刑"大山伺候！（表现行政拘留和罚款的惩罚）从紧急出口撤离时，请严格按照脚头脚的顺序及正确逃生路线撤离。否则……

唐僧：钱财乃身外之物，各位施主还是逃命要紧呐！（画面：沙和尚听师傅的话，扔掉行李）

主持人：恭喜大唐 F4 再度历经磨难，取得《真经》（展示安全须知卡）。乘机安全须知统一存放于您前方座椅的口袋中，请尽快仔细阅读。

主持人：我们有信心，有能力保证人机安全，毕竟安全才是最好的服务。节目最后还是那句老话：Shandong Airlines，走起！

三、社会评价与传播效果

（一）新颖的动画设计提高了受众的接受度和喜爱度

作为一部普及乘机安全知识的 MG 动画，山航的动画没有进行刻板说教，而是以明快的风格、新颖的动画设计以及大众容易接受的动画人物形象来进行设计。这大大降低了说教感，提高了受众的接受度，适应了绝大部分乘机人群对观看形式与内容的需求，同时降低了受众文化程度的限制，便于其理解。

（二）简单诙谐的语言促进受众的理解

在系列动画中，文案旁白都是简单直接的，并且诙谐幽默，使用了耳熟能详的一些有趣段子，便于受众理解和记忆。在传播知识性和规范性要求的时候，山航的系列动画兼具趣味性和知识性，不仅考虑到自身的传播需求，也从"使用与满足"理论的角度考虑到受众的需求，从而简化文案，使人们在娱乐的同时了解乘机知识，并通过这种方式成功提升了企业形象，塑造了在认真负责的同时更加活泼有趣、贴近民生的山东航空企业形象。

（三）特定场景的投放与新媒体投放的同时进行扩大了传播范围

系列动画设计完毕后，山航在候机大厅、飞机上都进行了定时定量的投放，针对特定的受众进行了精准化宣传、投放。与此同时，利用山东航空的官方微博与微信公众号主体进行推广。因此扩大了宣传范围，受到了人们的广泛好评，提升了企业的形象力，构建了更好的企业形象，达到了预期的效果。自2013年该项目启动以来，赢得山东航空内部的高度认可，并于2013年，荣获山东航空集团2013年度优秀项目一等奖，成功进行了宣传与推广。

（案例来源：山东航空集团有限公司）

案例3

家喻户晓，贴近民生

——史丹利复合肥品牌广告策划

1992年，史丹利农业集团股份有限公司成立，是一家专业从事复合肥生产及销售、良种研发、农业信息咨询、农业技术推广等在内的综合农业服务商、国家重点高新技术企业、全国科技创新示范企业、全国最大的高塔复合肥生产基地。目前，史丹利已在全国建有十大生产基地并且建立了以县级为单位的2000多个销售服务网点，实现了在全国研发、生产、营销和服务的总体布局。10多年间，史丹利通过对品牌定位的再思考、朗朗上口的广告语以及系列突出品牌特点的广告创作，使史丹利这一复合肥品牌成功到达目标受众，在受众中成功塑造了“有效、高产、实在”的化肥品牌形象。本广告案例尝试探讨一种适用于实用性广告如何构建与如何推广，如何运用系列广告构建品牌形象从而达到长远的营销效果。

一、基础研究工作：史丹利品牌的基础调研

（一）史丹利品牌历史与背景理解

史丹利农业集团股份有限公司成立于1992年，是一家专业从事复合肥生产及销售、良种研发、农业信息咨询、农业技术推广等在内的综合农业服务商，国家重点高新技术企业、全国科技创新示范企业、全国最大的高塔复合肥生产基地。现有总资产63亿元，员工8000余人，年生产能力520万吨。2011年，史丹利A股在深交所成功上市。2015年，公司实现年收入70.4亿元，同比增长24.6%。2017年，史丹利农业集团荣获国家技术发明奖。目前，史丹利总部位于山东省临沂市，公司已在山东、吉林、广西、湖北、河南、江西、甘肃等地建有十大生产基地，在全国31个省、市、自治区建立了以县级为单位的2000多个销售

服务网点，实现了在全国研发、生产、营销和服务的总体布局。

史丹利在同行业第一个引入国际先进的SAP信息管理系统，实现了工业化和信息化的高度融合，为生产、营销的健康运行提供了有力的信息管理保障。其拥有全国石油和化工行业复混肥工程研究中心、国家博士后科研工作站、山东省高效复合肥工程技术研究中心和山东省院士工作站等科技创新平台，为公司科技水平的提升提供了坚实的科研基础。史丹利承担了国家科技项目11项、省级科技项目9项；通过省级科技成果鉴定38项，其中2项达到国际领先水平，12项达到国际先进水平；获得省级以上科技进步奖11项，其中荣获2012年度全国石油和化工科技进步一等奖1项，2013年度山东省科技进步一等奖1项，省级优秀节能成果奖2项；申报国家专利81项，授权专利53项，参与制定国家标准3项。史丹利的科技水平、创新能力与产品质量均是行业翘楚。

（二）对史丹利品牌定位的再思考

在了解了史丹利的品牌历史与发展并结合市场需求以后，创作团队对史丹利品牌含义进行了重新解构和定义。

《定位》作者里斯和特劳特说过，定位最重要的工作是给品牌取一个好名字。创作团队就对“史丹利”这一品牌名称进行了符合大众认知的符号化定义。“史”谐音“施”，表示施肥的意思。“丹”则有两重寓意，一是使人联想到化肥圆形的颗粒，二是史丹利肥料具有仙丹一样的功效。“利”代表着丰收获利，迎合了老百姓追求吉利的心理需求，具有丰富的延展性。

从化肥市场导入期开始，史丹利公司始终重视品牌传播对市场的引导作用，史丹利复合肥品牌如同一颗破土发芽的种子，在广袤的大地上茁壮成长。史丹利众多广告策略为同行和市场人士所称道。

随着复合肥行业产能饱和，市场竞争越来越激烈，广告诉求也越来越趋于同质化。史丹利以前的广告诉求多停留在销售阶段，尚未从功能层面上升到精神层面，难以拉开与众多竞争对手的距离，与品牌的行业领导地位也不相适应。

基于以上思考，我们更需要一支能够撑起史丹利品牌的广告片，将史丹利品牌推向更高的层次，加强受众对史丹利的好感度，提升史丹利品牌的美誉度，逐步将史丹利塑造成为化肥行业里的大品牌。根据史丹利拟定的市场战略，应采取以广告为牵引、以事件营销为支撑、追求行业领先的灵活高效的品牌推广策略。

二、广告创作与广告表现

对于实效的品牌广告来说，都会有一个利益点突出、朗朗上口的传播主题，以达到传播快速、深刻记忆的效果。创作团队首要的任务是明确品牌的传播主题,并且有意避开"丰收""高产""致富"这些已被透支了的词汇来表达史丹利更加新颖明快的广告诉求。于是创作团队推出了两个系列的广告以达到强化品牌形象,明确传播主题的作用。

(一)系列一:《歌谣篇》"黄土地、黑土地,种地就用史丹利"

人们一提到庄稼人劳作的艰辛,就说"面朝黄土背朝天"。有部描述农村生活的电影片名就叫《黄土地》。东北有一个曾经卖得很好的酒叫黑土地酒。可以说,在老百姓的心目中,黄土地和黑土地基本上就代表了农业和农村。创作团队借助这一精准的表达,凝练出"黄土地、黑土地,种地就用史丹利"这一广告语。

虽然广告法限制说"第一""最好",但上面这句广告语婉转地向受众传达了史丹利是行业第一的地位。这句话近似童谣,即使是没上过学的人也能一听就明白,两遍就记住,因此具有很强的口头传播效应,后来在广大农村达到了较好的传播效果。

1.创意阐述:

品牌的力量不在于说教,而是潜移默化地影响。叠翠的群山,金色的稻田,儿童欢快的声音与丰收的稻浪和谐地交织在一起,增强了受众对品牌的好感度。"黄土地,黑土地,种地就用史丹利"的广告诉求,就是要使史丹利在农民的心里占据品类的制高点。

2.广告文案:

黄土地、黑土地,种地就用史丹利。
黄土地、黑土地,种地就用史丹利。
黄土地、黑土地,种地就用史丹利。
史丹利优质复合肥。

3.媒体传播:CCTV1 及各省级卫视、网络媒体等各大媒体平台均有发布。

4.广告画面:

(二)系列二:陈佩斯《大品牌篇》

史丹利选陈佩斯作为形象代言人符合产品形象,并且贴近百姓,产生了良好的传播效果。陈佩斯是小品类节目的创始者，他的小品不是简单的插科打诨，而是耐人寻味，充满了机智。在农村中、老年农民中，陈佩斯的大光头具有极高的亲和力。

以前化肥广告用“养分含量高，配比均衡，肥效持久”之类的传统套路，效果并不是很好。需要越过功能层面，深入农民的内心进行对话，点破农民对好收成和美好未来的渴望。

高僧只说家常话。创作团队试图避免说教，而是口语化交流的形式，引发目标人群的心理共鸣，从而有力地提升品牌的好感度。

1. 创意阐述：

通过代言人陈佩斯的影响力，不仅要吸引受众目光，还要深入其内心与之对话，点破他们的期待与痛点，用平实的语言阐述了史丹利和农民相向而行的圆梦之路：种地当然需要好肥料，用了好肥料，好收成也就稳当了，日子自然也就越来越红火了。

2. 广告文案：

史丹利化肥，是大品牌，

代言它是因为种地需要好肥料；

一年下来，稳稳当当有个好收成，日子越过越红火。

黄土地、黑土地，种地就用史丹利。

3. 媒体传播：CCTV1 及各省级卫视、网络媒体等各大媒体平台均有发布。

4. 广告画面。

（三）系列三：史丹利专题片《改变篇》

中国农业与西方现代农业的差距巨大，差距在哪？一是土地的规模化程度不同，二是专业化程度不同。美国土地的规模化、集中化、标准化程度高。

从欧洲现代农业考察到美国现代大农业实践，史丹利推进世界农业现代化进程的脚步，从未停歇。史丹利公司立足国内农业发展趋势，借鉴欧美现代农业成功模式，成立农业服务有限公司，建设全产业链服务平台，提供全产业链服务，打造全产业链盈利模式，与所有热爱农业的有志之士共同推进现代农业的发展。

1. 创意阐述

本创意用“改变”作为主线，讲述史丹利是谁，史丹利做了什么，史丹利的目标是什么，阐述史丹利正在积极探索新型解决方案，探索新型肥料，解决粮食危机，改变大农场的种植和经营模式，史丹利“让改变发生”。用大气恢宏的拍摄风格，展示史丹利对未来发展、社会责任和社会价值的美好愿景。全篇更具主题性、感染力和说服力。

2. 专题文案

这，是我们的地球，饥饿的地球。

今天，每 6 个人中就有 1 人在挨饿，而每一年都有 7500 万人口在增长。

字幕：人口增长 VS. 粮食增长

字幕：改变——STANLEY 史丹利新型解决方案

据测算，到 2050 年，全球食品需求将增加一倍。全世界都在面临这个挑战：怎样用有限的耕地种植出更多的粮食。史丹利正在积极探索新型的解决方案。史丹利与农业发达国家的同行，保持着频繁的技术交流和长期合作，专注于新型肥料的探索和研发，为农业的快速增长提供优质的产品和服务。史丹利相信：科技改变农业。

字幕：科技改变农业（STANLEY 史丹利）

改善土壤肥力是增加粮食产量的首要问题。欧美国家粮食产量有 70%～80% 靠基础地力，20%～30% 靠水肥投入，而我国耕地基础地力对粮食产量的贡献率仅为 50%。史丹利的新型肥料拥有多项创新专利，能充分补充土壤中流失的养分，使土壤恢复和保持团粒结构。看，连续耕种后，土壤依旧疏松有活力。今天，史丹利的种植基地里，种三产四已成为了基本标准，正是因为施用了史丹利的新型肥料，才使土壤变得足够强壮。新型肥料强化了耕地的可持续性，大大改善了土壤环境。

字幕：新型肥料　改善土壤肥力

粮食增产是世界上规模最大的人类事业，但是，即使再伟大的事也要从最细微的地方着手。今天，我们更加注重微量元素的研究，因为哪怕只是缺少某一种微量元素，作物就会生长不良，成为粮食增产的最大障碍。在中国，微量元素在土壤成分中的缺乏十分普遍，全国有 17 个省份的可耕种土地缺硼比例均大于 60%。在湖南，硼的缺乏比例高达 98.7%，锌的缺乏比例占 22%，这直接影响到作物的产量和质量。

史丹利研发的新一代三安，养分含量高，各类元素的配比更科学。微量元素配比的细微改变，给作物的产量和品质带来的变化令人惊叹。

字幕：新型肥料　优化微量元素配比

作物需要微量元素，就像人需要维生素一样，是必须的。这个道理不是每个人都懂，但是，只要用过史丹利，就知道大不一样。

今天，是新时代的开始，中国的大农场时代即将到来。

史丹利与一些种植大户合作，将欧美化肥企业面向大农庄的运营策略本土化应用。从土壤检测开始，制定符合特殊需求的肥料配方，并针对作物生长各个阶段给予跟踪服务。

史丹利的专业种植系统解决方案，让大农场模式下的农业生产更科学、更高效，史丹利将科技力量送到农民手中，向世界展示中国农业的美好前景，为未来的粮食需求挑战，努力探索全新的解决方案。

今天，让改变发生。

今天，史丹利愿为世界农业发展的明天做出贡献。

携手共创美好农业！

字幕：我们让改变发生！

史丹利！

3. 媒体传播：CCTV1及各省级卫视、网络媒体等各大媒体平台均有发布。

三、社会评价

（一）网络评价

经过不断的市场耕耘，以及不断更换广告主题，史丹利化肥在行业内已经拥有了举足轻重的地位，吸引了很多用户，成为其他同行无法回避的竞争对手。

经过有针对性的市场调查和深入的分析研究，史丹利决定通过更加个性化的广告来让自己的品牌更加立体化。在新的广告中，广告主题为“黄土地、黑土地，种地就用史丹利”。这喻示了“不论什么土地，都应该使用史丹利复合肥”的意思，凸显了史丹利在复合肥行业的领导地位。史丹利聘请著名表演艺术家陈佩斯担任形象代言人，有效地拉近了与农民的心理距离，增加了品牌的亲和力和美誉度，销售额急剧提升。

史丹利复合肥的广告已经家喻户晓，著名小品演员陈佩斯以其风趣幽默的话语、贴近农民的心声一举赢得了良好的广告效应，让更多的老百姓喜欢上了史丹利这个品牌。

这也就是史丹利复合肥广告的效果，有了好产品，宣传同样重要。

（二）客户评价

品牌开路市场活。如今，史丹利优质复合肥产品货畅其流，远销美国、澳大利亚等国家和地区。公司最初只有临沭一个生产基地，随后在国内吉林扶余、河南遂平、湖北当阳等地陆续建起十大生产基地，覆盖了国内主要的作物产区。史丹利公司在市场上的成功，强势的品牌传播是引擎之一。

精准的传播既有助于获得目标群体的认同感，提升产品的形象，也促进了产品的销售。

四、传播特点和优势

（一）平易近人、朗朗上口的广告主题选择

经过有针对性的市场调查和深入的分析研究，史丹利决定通过更加个性化的广告来让自己的品牌更加立体化。在新的广告中，广告主题为“黄土地、黑土地，种地就用史丹利”，表明了史丹利化肥的广泛适应性。朗朗上口的简短广告语也适应了受众需要，简单易懂，适用于广泛的重复性传播，使广告在受众心中留下深刻印象。

（二）系列广告深化品牌内涵

从金灿灿的丰收片段到代言人站在丰饶的玉米地再到科技园区的图景，史丹利的广告前期以贴近百姓平易近人的广告语“黄土地、黑土地，种地就用史丹利”开拓了市场，后期则用先进的科技等元素提升了一个企业的社会责任感与使命感，系列广告，逐渐推进，丰富产品内涵，提升品牌形象。

（三）善用媒体，加深效果

在激烈的市场竞争环境下，史丹利借助强势媒体大规模宣传，不断切分市场蛋糕。媒体的权威性与影响力越强，覆盖面越广，对企业品牌的提升效果就越明显。史丹利品牌形象的迅速提升就得益于在中央电视台、省级卫视及地方电视台投放的强势广告。

不论是广告创意策略，选用形象代言人亦或是举办大型公益活动或演唱会，史丹利公司在品牌建设上的这些好棋妙招，引得同行追风，成为细分市场上的标杆。

（案例来源：史丹利股份）

第七部分

旅游品牌专题

案例1

倾听齐鲁

——“齐鲁文化修学游”品牌的跨文化广告传播

2008年，山东省旅游局创立了“好客山东”旅游文化品牌，其名称创意来自《论语》中的名句“有朋自远方来，不亦乐乎”。“好客山东”品牌传达出素有“孔孟之乡、礼仪之邦”美称的齐鲁人的待客之道。十余年来，“好客山东”品牌在全国产生了巨大的影响力，“齐鲁文化修学游”是近几年由“好客山东”品牌衍生出的修学游子品牌。新品牌形象的树立有赖于有效的传播策略，尤其是面向海外市场受众时，“齐鲁文化修学游”品牌如何进行跨文化传播，如何让海外受众在游学过程中更好地实现对齐鲁文化的认知、体验、分享，本广告案例尝试构建一种适用于齐鲁文化修学游的跨文化传播路径，用以解决因跨文化而带来的品牌传播问题。

一、基础研究工作：修学游品牌跨文化传播研究

（一）对“修学游”概念的理解

“修学游”一词起源于日本，亦称“修学旅游”“修学旅行”“游学”“教育旅游”等。日本从明治维新时期即开始提倡修学游。其教学大纲规定，学生每年要进行一次为期数天的社会学习，小学生的范围是本市，初中生是全国，高中生则可以扩大到世界范围，谓之“修学游”。日本《明镜国语辞典》中提到，修学游是教师带领学生进行的集体旅行，是学习的一部分。

而对于“修学游”的概念，学术界并没有统一的定义，代表性的观点有两种：

其一，修学游的主体是学生，游的过程中要突出学习功能。如学者白四座认为：“所谓修学游，主要指针对学生群体设计的以语言学习、教育机构观摩为

特点的旅游产品。"[①]从他的观点中可见，修学游并非是单纯地游玩，也并非是单纯地教学，而是结合了游与学的内容，是一种以学为主、以游相伴的见学旅行。

其二，修学游的参加者可以是任何旅游者，其本质是旅游行为，在游中融入学的内容。典型观点可见学者陈非提出的："修学游的主体并非只是学生，是任何旅游者，其本质是一种旅游行为。"修学游的主旨是："提高国民素质，要依靠一定的修学资源，其载体是特定的旅游产品，目标是个人的知识研修，以旅游为表现形式的专题旅游项目。"[②]因此，我们可以将修学游的主要特点理解为：修学游的参加主体要在参观游览的过程中进行学习、体验，不再是如普通旅游者那样单纯地游山玩水，而是要游学结合、游有所获。

综上所述，修学游的概念可以理解为：修学游是以一个专题为目标，以在校学生为主体，以教师等其他人员作为补充人员，其目的主要是增长技艺、增长见识的一种专项旅游活动。其内容包括：了解一门学科，或学习一门语言，或考察某地风俗文化，或参观高校科研机构的一种旅游行为。修学游要突出一个"学"字，要求参加者在"游"的过程中要有所学、有所获。

（二）修学游品牌的跨文化传播研究

对于面向海外市场的修学游活动，我们应该重视因跨文化交流带来的品牌传播问题。我们可以借助跨文化研究的成果，思考齐鲁文化修学游品牌对海外市场游学者的传播问题。

在跨文化研究的学术成果中，学术界公认的跨文化研究奠基之作是1955年美国学者霍尔的《无声的语言》，中国的跨文化研究起步于上世纪80年代，其中关于旅游品牌传播的跨文化研究成果极少，学者们基本是从旅游学的角度进行相关研究。例如学者陈非《修学旅游初论》论述了修学游的历史发展状况、含义、构成要素、功能、特性、分类、发展现状和趋势等。[③] 该文是目前国内修学游研究文献中少有的对修学游进行的较为系统的研究和总结性文章，对其他研究者从宏观上了解修学游品牌传播具有重要意义。学者曹晶晶探讨了日本修学游繁荣发展的原因，指出对中国发展修学游的启示，其重要启示是修学游产品跨文化传播应适合时代需要，重视多样化。[④] 杨生等学者归纳了日本修学游的三种模式：友好城市间的互访模式、学校间的交流模式、小学生的参观模式。[⑤]此三种模式对我国修学游品牌跨文化传播的渠道研究有一定的启示作用。

---

① 白四座：《修学旅游：如何"游""学"相长？》，《中国经济周刊》2008年第25期。

② 陈非：《修学旅游初论》，《大连海事大学学报（社会科学版）》2009年第4期。

③ 参见陈非：《修学旅游初论》，《大连海事大学学报（社会科学版）》2009年第4期。

④ 参见曹晶晶：《日本修学旅游发展及其对中国的启示》，《经济研究导刊》2011年第4期。

⑤ 参见杨生、司利、张浩：《日本修学旅游发展模式与经验探究》，《旅游研究》2012年第2期。

国外学者的跨文化传播研究成果中,也仅有少部分理论成果可应用于修学游品牌跨文化传播问题。典型成果如学者 Chen G. M. 和 W. J. Starosta 在《跨文化敏感性的概念回顾》一文中提出,跨文化敏感性表现出的是个体在跨文化交流的情境下,对不同文化的应对、理解、接受的主观意愿。[①] 我们可借助这一理论观点思考中国的修学游品牌如何从“应对、理解、接受”三个层面引导游学者的主观意愿,从而实现跨文化传播的接受效果。

二、针对海外市场的“齐鲁文化修学游”品牌跨文化传播调查

为了更好地研究“齐鲁文化修学游”品牌的跨文化传播问题,笔者对 2015～2016 年来华参加“齐鲁文化修学游”的海外受众进行了抽样问卷调查,主要调查他们对“齐鲁文化修学游”的跨文化活动体验及潜在需求。

本次调查从澳大利亚、韩国、比利时、蒙古四国游学群体中选择了 109 位受众,受众人数分别为 19 人、31 人、26 人、33 人。调查问卷对象的基本信息主要包括性别、国籍、年龄、教育程度、学习汉语经验以及学习动机。

(一)问卷调查重点与结果

1. 海外受众对中国文化的偏好

问卷中设置“您对中国文化的什么内容感兴趣”,一共设置了 15 个选项(含一个开放式选项),这些选项都是中国文化中的表层文化,是海外受众可以看得见摸得着的、能够亲身体验的中国文化。调查对象对中国文化的偏好结果显示:汉语、风景名胜、汉字书法、美食、中国功夫是调查对象较为感兴趣的文化内容(见图 1)。

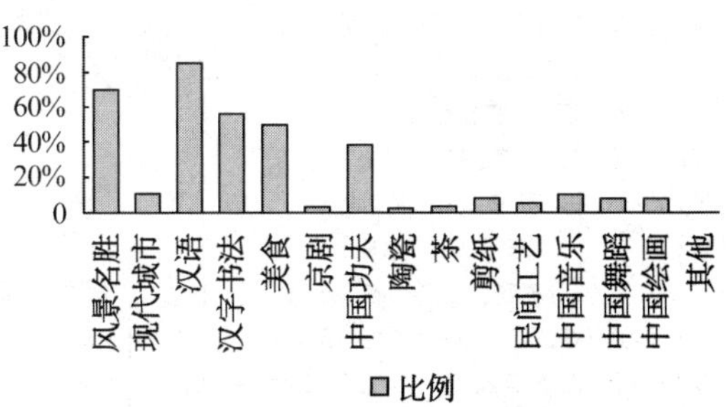

图 1 调查对象对中国文化的偏好

① G. M. Chen, W. J. Starosta, “A Review of the Concept of Intercultural Sensitivity,” *Human Communication*, 1997, 1, pp. 1-16.

2. 海外受众对中国山东文化元素的认知现状

问卷中针对“关于中国山东省，您听说过什么”的题目，一共设置了12个选项(含一个开放式选项)。这些选项都是山东齐鲁文化中有名的文化元素。调查结果显示，调查对象对“孔子及儒家文化”的认知非常突出(见图2)。

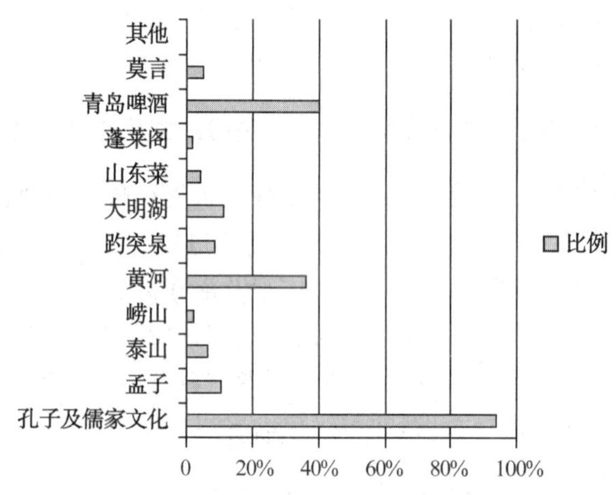

图2　调查对象对中国山东文化因素的认知现状

3. 海外受众对“齐鲁文化修学游”活动内容的认可度

问卷中设置了12项“齐鲁文化修学游”的活动内容，采用李克特五点量法了解受众观点。调查结果显示：外语学习、与中国人交流、品尝当地饮食、学习文化知识、游览景点、体验艺术文化等游学内容被认为非常重要(见图3)。

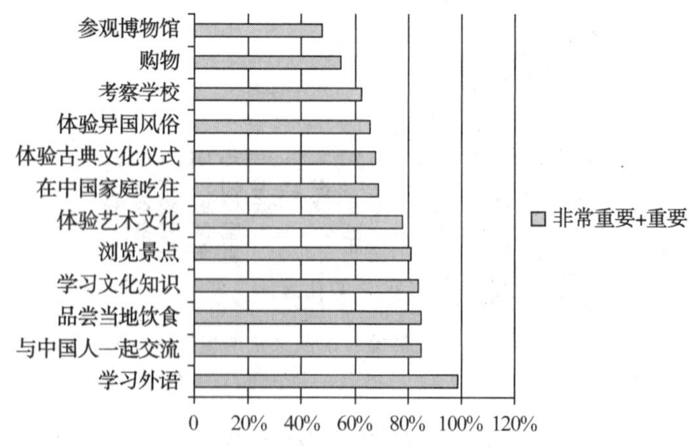

图3　调查对象对“齐鲁文化修学游”活动内容的认可度

4.影响海外受众选择“齐鲁文化修学游”的因素

问卷中设置了可能影响海外受众选择“齐鲁文化修学游”的因素，主要包括：以语言学习为目的的修学游需求、目的地文化的影响、修学游的兴趣需求、对效果的期待、时间因素、价格因素。调查结果显示，调查对象对修学游选择的影响因素排序依次为：兴趣、价格、效果、目的语外语类型、时间、目的地文化(见图4)。

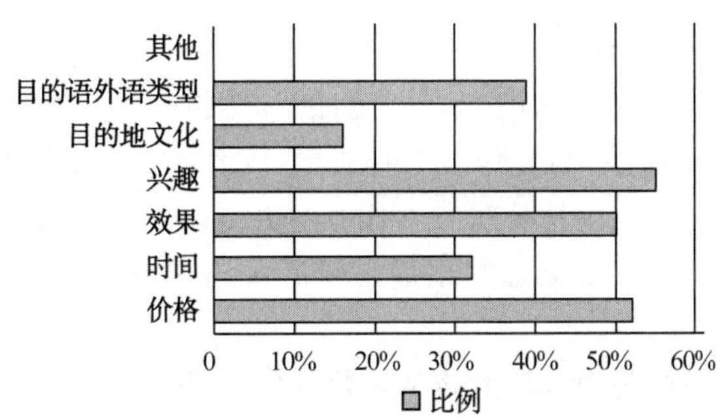

图4 影响调查对象选择修学游的因素

5.“游”与“学”的比例偏好

问卷调查了海外受众对“齐鲁文化修学游”活动过程的“游”与“学”的时间、内容占比的偏好情况。

调查结果显示，大多数调查对象希望在“齐鲁文化修学游”中更多地参与“学”的活动，以修学为主要目的，在“学”的过程中兼含“游”的体验(见图5)。

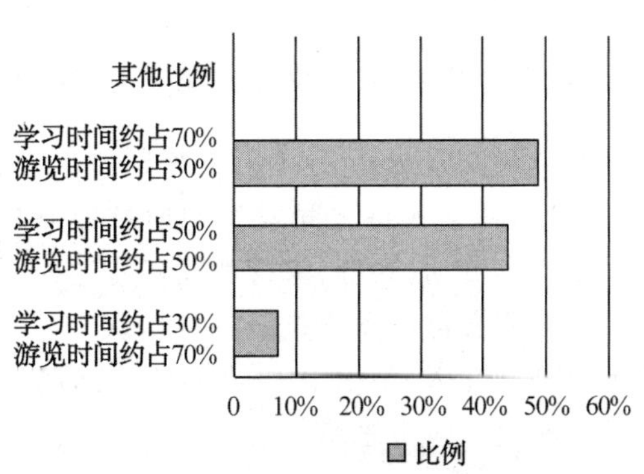

图5 “游”与“学”的比例偏好

(二)访谈调查显示出“齐鲁文化修学游”品牌的跨文化传播问题

本次调查还采用了访谈方式，向部分海外游学者代表了解其对“齐鲁文化修学游”品牌跨文化传播的建议。调查结果显示，“文化差异”“文化体验”是游学者普遍关注的跨文化话题。

1. 海外游学者文化背景知识的缺乏会明显影响修学游效果

因海外游学者对中国文化、齐鲁文化等相关文化背景知识缺乏了解，加之两国间的文化差异，必然会对修学游效果产生影响。“游”的环节如果与“学”脱离，单纯交由导游讲解，缺乏交流互动的机会或体验的机会，也会严重影响游学者对齐鲁文化的理解。例如，2015 年 7 月，30 名比利时高中生到山东参加为期一周的“齐鲁文化修学游”夏令营。在此期间，接待主体安排了课堂语言课程和课外游览活动，课外游览活动是在 7 天的语言课程结束后，赴曲阜三孔参观游览。在整个游览过程中，英文导游全程讲解，无任何互动，也无任何体验活动。另外，当天天气炎热，学生精神状态不佳。笔者随团跟踪调查，并随机采访了学生，反馈最多的问题是：游览过程枯燥且没有汉语交流机会，景点讲解多，但基本记不住，缺乏兴趣。

2. 文化体验活动会极大提升跨文化传播的效果

例如，2016 年 1 月，来自韩国首尔的 12 名大学生来山东参加“齐鲁文化修学游”活动，本次活动将“学”与“游”相结合，在研学齐鲁文化知识内容之后，安排学生们赴曲阜三孔参观游览。此次游览活动并非是单纯听导游介绍的走马观花式游览，而是带有学习性质的体验型游览，游览过程中加入了互动体验活动，比如祭拜礼活动、抽签学《论语》活动、书法题字活动、有奖竞猜活动等。带队教师和导游互相配合，游览完返回途中，教师给参与的学生发放了修学游效果反馈调查问卷。调查结果显示，在修学游过程中加入了体验和互动活动，传播效果得到了明显提升。

三、应用跨文化传播理论解析“齐鲁文化修学游”品牌的传播问题

跨文化传播是不同文化间及处于不同文化背景的社会成员之间的交往与互动，涉及不同文化背景的社会人员之间发生的信息传播与人际交往活动，以及各文化要素在全球社会上流动、共享、渗透和迁移的过程。[①] 通过对海外市场的“齐鲁文化修学游”品牌跨文化传播调查结果可以认为，“齐鲁文化修学游”品牌传播过程中必然会面临文化差异、文化包容等传播问题，跨文化传播的理论成果可以为这些传播问题提供解析思路。

① 参见孙英春：《跨文化传播学导论》，北京大学出版社 2008 年版，第 4 页。

（一）遵循包容与尊重原则

“齐鲁文化修学游”是一种跨文化传播活动，在传播过程中必然会面临文化差异，而传播者对待文化差异问题时应遵循的原则之一是包容与尊重。文化的包容首先要宽容对待不同民族间的文化差别。文化差别不仅仅是指文化本身有差别，还包括各民族的文明发展历史以及文化成熟程度的差别。我们在跨文化传播中，无论是哪种文化差异，都要以包容的态度对待。对于分歧较大的文化，我们不一定认同，但要有包容性态度。在齐鲁文化修学游品牌传播中，如果违背此原则，容易走向文化炫耀，或造成文化冲突。其次，传播者和受众在进行文化交流的时候，不能将本民族的文化强加给受众。传播者在传播本民族文化的同时，亦不能回避他国文化，要有意识地与他国文化相联系，求同存异，这样有助于受众对齐鲁文化的理解、接受。

文化尊重要求我们在齐鲁文化修学游品牌传播活动中，从意识上平等对待他国文化。一般情况下，人们通常具有本民族文化的优越感，容易用自己的价值观念判断事物正确与否。在齐鲁文化修学游活动中，我们应避免文化优越感，尊重不同民族的文化，尊重不同的文化信仰，尊重受众的真实感受。总之，齐鲁文化修学游是跨文化传播活动，传播者应该以开放包容的心态对待文化差异，尊重不同民族的文化。

（二）坚持双向文化原则

双向文化原则是指在“齐鲁文化修学游”的品牌传播过程中，作为传播者不能只是向受众单一输入目的语文化，也应该换位思考。关注对方文化，换位思考，这就是双向文化原则。在对修学游的跨文化认知上，传播得以成立的重要前提之一是传播者与受众双方必须有共通的意义空间。[①] 作为传播主体，需要换位思考，在关注本民族文化的同时，需要将目光转向他国文化中，寻求双方文化的联系与差别，传播内容在受众的接受范围内，扩大双方共通的意义空间。共通的意义空间，意味着传播者与受众双方对传播内容有共通的理解，否则传播过程不能成立，或传而不通，或导致误解。在跨文化传播中，遵循双向文化原则有利于扩大传受双方共通的意义空间。

（三）重视修学游过程中的跨文化敏感性问题

由于跨文化敏感性表现的是在跨文化交流的情境下，个体受众对不同文化的应对、理解、接受的主观意愿。文化差异可能使个体在游学过程中产生文化不适现象，引发跨文化传播内容的接纳困难，从而在游学者的主观意愿上影响其对齐鲁文化游学内容的应对、理解、接受。修学游品牌的跨文化传播极具独

---

① 参见郭庆光：《传播学教程》，中国人民大学出版社 2011 年版，第 5 页。

特性，在传播过程中使用的是一种多维度的跨文化交流场域，即游学前的文化认知场域（在境外目标市场国）、游学中的文化体验场域（齐鲁文化实地游学）及游学后的文化思考场域（返回境外目标市场国）。具体来说，就是游学者在来到齐鲁大地之前，首先对修学游目的地的文化建立了初步认知，在认知场域对齐鲁文化有了最初的了解。进而，游学者来到山东参加修学游，在实地体验和感受齐鲁文化，此时期也是跨文化传播的重要阶段。最后，游学者离开山东，对齐鲁文化建立了进一步的认知，这个时期也可以认为是跨文化传播的总结阶段。因此，传播者应在游学前就应构建出针对这种多维度场域的跨文化传播路径。

四、广告创意设计与文案

（一）LOGO 设计

（二）视觉传播与文案设计

“齐鲁文化修学游”的文案要根据目标市场国的文化特点，遵循跨文化传播原则。

1. 欧洲系列——“孔子与苏格拉底”

“在历史的邮轮上，西侧是雅典，东方是齐鲁。当身着华服的孔子对话一袭长袍的苏格拉底，他们的说的第一句话会是什么——有朋自远方来，welcome。”

这样的表达拉近了欧洲受众对齐鲁文化的文化亲近感。

2. 欧洲系列——“行走的文化与文化的行走”

“1271年，马可波罗向东方出发，四年后，他来到中国。这一场看似平常的东方之旅却是欧洲新航路探险的起点。你会是下一次航路的开启者吗？当行走的文化与文化的行走不期而遇，来这里，让心里的念念不忘成为一生响亮的回响。”

字里行间既表达了对欧洲文化的尊重，又含蓄地传递了来自齐鲁大地的文化自信。

3. 韩国系列——“同与不同”

同与不同
有汉服，有韩服；有白菜，有泡菜。
没有什么不同，只有经纬之分，
对面的你，是另一个我，
道一声“出发”，不论感性与理性，
请听一听齐鲁。

乐趣
在杏坛，弟子们小心翼翼地勾画着胸中的理想，你也一样。
在毛笔与宣纸的触摸中，挥洒出飘若浮云、矫若惊龙的跆拳道，
着一袭韩服，来探索惊喜，
我知道你会来。
欢迎。

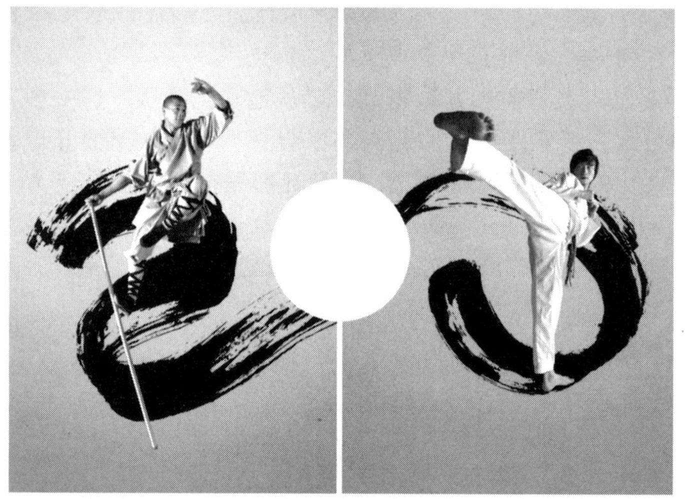

(三)衍生品设计

在近期的齐鲁文化修学游实践中可见,设计和使用与齐鲁文化修学游体验相关的文化衍生品取得了很好的跨文化传播效果。以齐鲁文化元素作为创意设计元素,设计制作双语版《论语》名句书签、卡通孔子钥匙扣、木制孔子雕塑笔筒等衍生品,可用于修学游的体验活动环节,或作为修学游纪念品馈赠于游学者,并通过互联网分享传播,实现了对齐鲁文化修学游品牌的二次传播。

【相关案例链接】

“齐鲁文化修学游”品牌的跨文化传播路径的构建

在上述研究的基础上，结合近几年“齐鲁文化修学游”传播案例分析，可尝试构建“齐鲁文化修学游”品牌的跨文化传播路径，为今后的品牌传播提供应用指导。如下图所示，“齐鲁文化修学游”品牌传播路径可由游学前的认知场域、游学中的文化体验场域、游学后的文化思考场域三部分组成。

齐鲁文化修学游品牌

游学前的文化认知场域
- 传播者对目标市场国的文化分析
- 提炼与齐鲁文化的“同”元素
- 提炼与齐鲁文化的“异”元素
- 挖掘游学者对齐鲁文化的兴趣点

游学前的文化认知场域
- 跨文化传播过程设计
- 修学游活动设计(“学”与“游”)
- 品牌传播语设计
- 视觉传播与文案设计
- 衍生品设计

游学中的文化体验场域
- 游学后的文化思考场域
- 传播者对游学者进行修学游体验调查
- 跟踪游学者的文化认知思考
- 总结问题，修正修学游传播方案
- 分享与二次传播

1. 游学前的文化认知场域——文化分析与元素挖掘

在游学前的文化认知场域，要建立对目标市场国的文化分析路径。通过对“齐鲁文化修学游”所面向的目标市场国进行文化研究与分析，用跨文化传播的研究思路提炼目标市场国的文化与齐鲁文化的同质元素与异质元素，以此剖析出可能在修学游环节中造成文化相容或相斥问题的关键点，进而采取求同存异的创意传播原则，挖掘目标市场国受众对齐鲁文化的兴趣点，为下一步的跨文化传播过程设计提供依据。游学者在到达中国之前，就可以在修学者组织者的指导下，对修学游目的地的文化背景知识进行查阅了解。

2. 游学中的文化体验场域——跨文化传播设计

在游学中的文化体验场域，应在文化分析路径的基础上，对“齐鲁文化修学游”进行过程路径设计，重点包括对修学游活动过程与内容的设计、品牌传播语设计、视觉传播与文案设计、衍生品设计等环节。

3. 游学后的文化思考场域——修学游体验调查与跟踪

进入游学后的文化思考场域，对游学者进行修学游体验调查与跟踪是非常必要的过程。当游学者离开游学目的地回国之前，传播者应及时对游学者进行修学游体验调查，并且在之后的一段时间内，继续采用问卷或线上访谈的方式进行跟踪调查。在调查中可以对本次修学游的传播过程进行评价，总结问题与不足，对修学游传播方案予以修正完善，再应用于下一次的修学游活动。

同时，游学后的体验调查与跟踪过程，亦是很好地引导海外游学者进行游学体验分享的过程。我们可以积极引导游学者将游学经历用图片、视频等方式在亲友圈中分享，可借助线上传播的优势，扩大齐鲁文化修学游的海外影响力，再次形成对齐鲁文化修学游品牌的二次传播甚至多次传播的效果。

（案例来源：山东省旅游发展委员会）

案例2

梦在台儿庄

——台儿庄古城品牌形象广告传播

一、广告策划前的基础调研

台儿庄古城地处京杭大运河的中心点，坐落于山东省枣庄市台儿庄区和鲁苏豫皖四省交界地带，占地2平方公里，内有11个功能分区、8大景区和29个景点，是国内规模最大的古城，国家5A级旅游景区，有“中国最美水乡”之誉，清乾隆皇帝赐古城“天下第一庄”之称。

抗日战争时期，因历史上著名的台儿庄战役，台儿庄古城化为废墟。2008年4月，古城重建工作正式启动，并于2010年5月1日作为旅游景区正式对外开城。

台儿庄古城的旅游资源较为丰富，古城内保留了2公里的运河故道、3.4平方公里的城市街道肌理，以及146处文物(含53处战地遗址)，城内拥有18个汪塘和15公里的水街水巷。建筑是古城的一大特色，城内建筑涵盖了北方大院、徽派建筑、水乡建筑、闽南建筑、欧式建筑、宗教建筑、岭南建筑、鲁南民居等八种建筑风格。

台儿庄古城虽为新建，但景色优美、环境雅致，给人古朴的北方水城印象。其中以运河文化、建筑文化为亮点，夜景为最具吸引力景区特色。自开城营业至2016年5月，台儿庄古城通过6年的时间发展为一个较为成熟的旅游景区，完成了景区的品牌定位、市场定位和客群定位，充分挖掘自身旅游资源。在旅游六要素——吃住行游购娱的各方面形成了适合传播的景区特色，具体内容如下表所示：

吃	特色美食	培松堂花样煎饼卷、辣子鸡、冯家驴肉、枣庄辣豆腐、羊肉汤、宋师傅黄花牛肉面、运河石头大饼、张氏脆皮鸡、糁汤、菜煎饼、张家狗肉、馄饨
住	特色客栈	台城万府酒店、马可波罗驿馆、三恪堂、久和客栈、久和雅舍、锦堂会馆、1938军营客栈、爱莲居、崇华楼、风雅颂、酒巷深处、台城客栈、台庄公馆、惟扬坊、正昇园、九龙湾客栈等
行	到达	206国道、104国道、京福高速、京沪高速、连霍高速、潍徐省道穿境而过，并设有出口；枣庄市台儿庄区距离枣庄火车站（含高铁、动车）50公里，距滕州火车站（含高铁、动车）90公里，距徐州火车站（含高铁、动车）73公里，距邳州火车站48公里，距临沂火车站80公里；台儿庄距离临沂机场90公里
	景区内部出行	设有电瓶车、游船（分为内河与外河两种线路）等代步工具
游	景点类	古银杏树、日昇昌记、船形街、天后宫、泰山行宫、关帝庙、步云廊桥、台儿庄大战遗址纪念园、郁家码头、复兴楼、谢裕大茶行、闸官署、山西会馆、大夫第、扶风堂
	展馆类	参将署、翠屏学馆、兰婷书寓、中国运河招幌博物馆、道升酒坊、大清邮政官局、中国运河奏疏展馆、金瓶梅文化展馆、清官廉吏展馆、武科举文化展馆、百家姓家训文化馆
购	古城特产	台儿庄古城炭雕、运河三宝（藕粉、莲子、荷叶茶）、台儿庄古城大战酒、古城老布鞋、山东面塑、和盛清真茶食、江北第一陶、老粗布、月老河同心锁、鲁绣、巧姐柳编、船模、枣庄泥塑、东阳木雕等
娱	常规表演	酒俗表演、运河大鼓、柳琴戏、鲁南皮影戏、乾隆巡游台儿庄、老电影、篝火晚会、渔鼓、喷火等
	节庆活动	台风音乐节、好客山东贺年会
	酒吧类	千里走单骑酒吧、“那里”酒吧、漫步者酒吧、雕刻时光酒吧、西风瘦马酒吧、致青春酒吧等
	探险类	古宅惊魂、血战台儿庄军事体验馆、密室逃脱、镜子迷宫
	游乐类	“欢乐世界”乐园、迪趣欢乐谷、射箭项目

二、对台儿庄古城品牌定位的再思考

创作团队对台儿庄古城品牌定位的再思考结果是：台儿庄古城是极致旅游体验的全业态旅游目的地，是关注游客、具有人文关怀的景区，强调景区和游客的关系。

在业态方面，打造全业态的旅游目的地，做好商品经营、餐饮酒吧、休闲娱乐等多方面的业态配比。

在体验方面，打造游客心中的"极致旅游体验"，从游客现有的旅游共性中挖掘兴趣体验点，古城将提供给游客的独一无二的旅游体验。

从业态布局、品牌塑造和传播策略方面着手，满足每个个体游客的需求和兴趣。让"极致旅游体验"成为台儿庄古城的品牌联想 key word，不论是极致味蕾的美食体验、极致消费的购物体验、极致欢乐的休闲体验，还是极致本真的慢生活体验（慢生活不是懒惰，而是拾起自信和积极的奋斗）；切实提升游客的旅游体验满意指数，延长游客在古城的停留时间，让未来台儿庄古城的旅游攻略不再以小时或者具体的"一天"作为推荐游玩时间；让古城成为游客旅行途中的另一个"家"，另一个避风的港湾，另一个指路的明灯，另一个时时牵挂的地方。

三、广告表现

广告创意应符合台儿庄主流客群的阶层语境。凭借品牌的独特价值和人文感召，以记忆中的"情感碎片"为代言物，唤醒游客"极致慢生活旅游体验"和"真正的慢生活"的情感认知诉求，由此引发精神共鸣，将游客从这个切口引入到真正的旅游中，将独特、稀有的竞争优势转译成品牌个性。

系列一："我与台儿庄之间的关系"系列

标题：在台儿庄古城，你就是风景

正文：在雨巷中擦肩而过，在运河上惊鸿一瞥。你站在玉涵桥上看这盈盈河水，举步轻摇，芙蓉如面，美若画中仙。

标题：静谧的清晨，关掉闹铃，安逸的晨光叫不醒贪睡的儿郎

正文：当晨曦徐徐拉开帷幕，当阳光从树叶的空隙中洒下，透过窗轻柔地拥你入怀。这里没有喧嚣，只有袅袅廊桥和一夜的好梦。

系列二：台儿庄古城的建筑、美食、运河系列

标题：从日出到日暮，脚步就是你和美食的距离

正文：迎着朝阳，伴着晚霞，漫步在古城的青石板路，偶有水乡渔歌，偶

见精巧亭台，唯有美食一路相随。

标题：夕阳西下，拉长的身影与建筑融为一体，这就是最美的晚霞！

正文：银烛秋光中，古城深巷里，一缕轻柔的霞光倾洒而下，一身素衣被清风吹起，岁月静好，如遇余霞画中游。

标题：画桥流水台儿庄，烛影摇红赛苏杭

正文：画桥如虹，流水如带，几星渔火，水光交融，不是江南，胜似江南！

系列三：唯美系列

标题：舟行碧波上，人在画中游

正文：碧波荡漾，乘着乌篷船，在桨声灯影中，醉倒在她旖旎的温柔乡。

标题：在这里，怀念童年时的天真烂漫

正文：好奇地捡拾一片秋叶，一路哼着小曲，望向天边，想起童年时的自己。

【相关案例链接】

互联网背景下，旅游景区广告传播策略如下表所示：

旅游要素	策　略
吃	1. 提升餐饮质量，突出当地餐饮特色和民俗风情，为传播做好内容支持。 2. 完善线上信息，让游客能够在网络上查询到景区餐饮信息。 3. 引导互联网口碑，在网络美食排行和点评类网站进行植入。 4. 开发线上订位功能，方便游客预订。 5. 开发景区电商平台，将可携带的特色饮食作为商品进行线上售卖，并在商品的内容和包装上进行适合互联网销售的升级。
住	1. 挖掘和展示酒店特色，形成易于互联网传播的特色酒店和亮点住宿，并在互联网渠道进行展示。 2. 完善并引导互联网口碑，在旅游网站、点评类网站中进行植入。 3. 实现线上预订，方便游客。
行	1. 完善交通票务系统，实现票务预订。 2. 完善网络交通路线，为游客提供最合适的出行方式推荐。

续表

旅游要素	策　略
游	1.完善网络游记攻略,投放特色旅游攻略,吸引游客特别是年轻游客前往景区。 2.开发线上票务平台,无论是天猫旗舰店还是票务网站合作,让游客随时随地可以预定景区门票及其他项目的门票。 3.开发虚拟导游功能或APP,让游客在游玩过程中充分体验网络技术和移动终端设备的结合,更好地享受旅游过程。
购	1.加强互联网渠道的景区特色产品介绍,让游客充分了解景区特产和特色产品。 2.开发景区电商平台,实现线上订购和送货上门服务,并抓住时机进行营销活动。
娱	1.整合各渠道进行充分宣传,使游客及潜在游客能够及时获取活动信息。 2.有效运用用户产生内容,补充官方传播内容。 3.举办线上活动,让未到达景区的受众也能够参与活动,提升景区知名度。

（案例来源：山东台儿庄古城旅游集团）

案例3

向沂南，心怡然

——沂南县域旅游品牌策划与传播

沂南是山东省临沂市下辖县，历史悠久，文化灿烂，素有“齐鲁敦煌”之美誉；是著名政治家、军事家诸葛亮的出生地和成长地，也是唐代大书法家颜真卿的祖居地。境内文物古迹、人文景观众多，汉代古迹有近百处。

近几年来，沂南县域旅游品牌的发展走在山东各县域的前列，建设一核四带四大综合体：以沂南县城为核心，北部生态观光休闲带、沂河绿色农业度假带、汶河汉风古韵休闲带、山地红色文化体验带四条产品带为骨架，搭建乡村休闲旅游综合体、红色文化休闲旅游综合体、汉文化休闲旅游综合体、温泉休闲旅游综合体。

一、对沂南旅游产业品牌的相关调研

在官方传播上，沂南的旅游形象传播有较大的力度，同时利于政府形象和旅游品牌塑造。

在民间传播上，没有达到预设的认知度。最突出的问题就是总体品牌形象在个体中的品牌形象割裂，沂南品牌形象在消费者面前的曝光度远低于各景区。为此，课题组从以下几个方面展开了调研：

1. 游客的概况。

2. 游客的出行习惯与喜好。

3. 游客的媒介使用习惯及旅游信息的接收渠道。

4. 对沂南旅游的印象及兴趣度调研。

二、沂南旅游产业品牌传播现状分析

对沂南旅游品牌的分析与诊断从品牌塑造与品牌传播两个方向入手，对品牌定位、品牌效力、品牌的内外部传播渠道及内容等问题进行了较为详细的分析。

（一）整体品牌现状分析

沂南县立足"红绿古泉"的资源优势，初步打造成"智圣故里、红嫂家乡、温泉之都、休闲胜地"的旅游品牌，创造了县域旅游发展的沂南模式，吸引了众多的游客到沂南"游竹泉，泡温泉，拜诸葛，访红嫂"，成为全省旅游的新亮点。从发展的角度分析，沂南整体品牌的现状存在以下问题：

1. 沂南的知名度有待进一步提升。

2. 沂南旅游品牌存在"以点盖面""只知竹泉，不知沂南"的现象，城市品牌名气小于景点名气。

3. 沂南整体品牌形象设计不足。目前使用的LOGO及衍生设计有待优化。

4. 沂南整体品牌的整合传播需要系统性策划。

（二）品牌塑造分析

现有的城市品牌宣传中"智圣、红嫂、温泉"作为并列品牌元素，处于同等位置，作为一线子品牌来宣传。优势在于，对沂南现有资源进行推介，容易使游客形成一个综合、多元的品牌印象；缺点在于，同步推介三个品牌元素既不利于表现城市核心气质，也不利于游客识别与记忆。

在品牌效力形成的初期形象方面，沂南品牌已经具有初期品牌效力，具体表现在如下几方面：具有统一的LOGO、宣传沂南旅游产品的宣传语，与"好客红嫂人家"标准化认证制度等。在进一步提升品牌效力的过程中，可以脱离初期"旅游产品简介"的功能，进一步凸显沂南品牌"表现沂南独特气质与定位"的功能，这也是品牌发展所必经的两个阶段。

三、沂南县域旅游产业品牌定位策划

（一）绘制沂南县域旅游产业品牌定位图谱

经过前期调研与诊断分析，项目组提出了沂南旅游产业品牌的总定位为：有闲（乡村游）旅游首选目的地。并由此绘制出沂南县域旅游产业品牌定位图谱。

沂南县域旅游产业品牌定位图谱

总定位：有闲（乡村游）旅游首选目的地	
核心卖点	文化.闲.逸
价值诠释	沂南旅游品牌的价值不在于大美山水，而是在于它的精准定位。沂南旅游营销针对的是都市人的碎片化时间，沂南带给他们随时萌生的休憩体验，因为疲倦，向沂南；因为欢欣，向沂南；因为任何的理由，向沂南。沂南是故人，是老友，是新朋，它于文化体验中给城市旅行者留下闲逸的美好回忆，并可再次吸引他们前往。

续表

目标市场定位	稳住近程市场，开拓中程市场，探寻远程市场的原则，延伸海外市场。
消费群体定位	不拘阶层与年龄，各取所需。
核心产品定位	各具特色，百花齐放。
市场形象的定位	具备包容性的旅游品牌，温暖的、有文化内容的旅游品牌。
产品形象定位	多彩、多元、多样。
服务形象定位	温和、贴心、及时、智慧。
品牌发展愿景	近几年实现"省内休闲度假首选地"，最终实现"全国乡村旅游休闲度假目的地"。
架构规划	采用母子品牌战略，"沂南"母品牌之下有四大子品牌，分别为：景区子品牌、服务子品牌、旅游产品子品牌、电子商务子品牌。

(二)解读定位：有闲(乡村游)旅游首选目的地

旅游者视角：该定位从旅游者角度来看是对旅游决策的导向，"有闲"指碎片化的旅游时间，也符合周边、近郊的目标群体范围。

沂南城市视角：该定位从沂南城市视角来看明确并提升了在旅游市场的地位，是"首选"目的地。"有闲"带来的自驾与家庭概念明确为沂南现阶段的旅游发展规划出了合理的目标市场，即2小时(200公里)旅游圈。

(三)品牌价值解读

有闲：伴随着城市生活的快节奏，闲暇时间也逐渐碎片化。周末节假日的闲暇时间中，2小时旅游圈的概念是其可以支付的时间成本。

留恋：休闲与乡村，提供了沉浸式的体验。作为2小时旅游圈内的休闲目的地，合理的产品设计能够引起旅游者的二次消费欲望。

旅行者：沂南的旅行者追求的不是极端自由的驴友式体验，而是忙碌之余稍带温情的休闲与放松，具有现代元素包装的乡村游同时满足了返璞归真的旅游体验和便捷的消费体验。

沂南旅游品牌价值诠释：沂南旅游品牌的价值不在于大美山水，而是在于它的精准定位。沂南针对的是都市人的碎片化时间，能够吸引他们在短期的假日里前往沂南旅游。沂南的清新自然，能够让人放松身心的氛围。沂南是故人，更是新朋，能给城市旅行者留下闲逸的美好回忆，并再一次吸引他们前往。

（四）品牌核心价值挖掘：文化、闲、逸

1. 文化：休闲文化是沂南旅游品牌现阶段的主打文化，内在以红色文化、汉文化为支撑。休闲文化符合现下的旅游趋势，并存的多元文化为沂南带来独特魅力。

2. 逸：沂南旅游品牌以游客在此的安逸享受为卖点，突出表现了沂南风景的魅力、人情的魅力、文化的魅力。

3. 闲：对休闲的强调符合周边都市游客的旅游情调，脱离紧张的工作、暂时告别烦躁的生活与城市的拥挤，来沂南享受片刻之闲。以忙中偷闲、偷得浮生半日闲的概念吸引游客前来。

如定位所强调的，沂南的核心卖点是“闲”和“逸”，一点空闲的碎片化时间，就能带给你释放身心的安逸享受。这是沂南的魅力。魅力背后的底蕴是文化，是生长在沂南这片土地上的文化。淳朴的红嫂文化，休闲的汤泉文化，清新的竹泉文化，还有沂南人的传统民俗乡情，这些都是沂南的旅游卖点。

（五）产品形象定位

多彩、多元、多样，是沂南旅游品牌的产品形象定位。

多彩则生动，多元则传神，多样则丰富。多彩的产品呈现背后是多元的文化体验，多样的产品类型是多彩与多元的融合体现。沂南旅游品牌的产品形象定位，寻求的是生动、传神又丰富的调性。生动才有温度，传神才有深度，丰富才有更多选择。因此，多彩、多元、多样的形象定位，传达了既“多”而又清晰的产品形象信息，更重要的是，这种形象在消费者心目中是可触的。向沂南，发现多彩、多元、多样的一切。

1. 多彩——产品呈现出的多彩

沂南旅游品牌是整合性的概念，但沂南旅游品牌的产品是多彩的。多彩沂南，是沂南旅游版图的生动表现方式。如：

红色：沂蒙红色影视基地——红色的、怀旧的……

绿色：竹泉村、林海花田等——乡村的、自然的、生态的……

白色：滑雪场——白色的、休闲的……

未来，沂南新兴的旅游产品还将继续呈现出多彩的特质。

2. 多元——文化体验的多元

多元的文化体验，为沂南旅游品牌描绘一张传神的脸。多元沂南，是沂南旅游资源背后的精神依托。如：

红色文化：镌刻希望的精神故乡。

乡土文化：远离纷繁的田园梦想。

影视文化：穿越悲喜的喜剧人生。

养生文化：内秀外养的古典智慧。

3. 多样——产品类型的多样

多样的产品类型，为沂南旅游提供更加立体多重的观感和旅游体验。多样沂南，使沂南的旅游消费有更丰富的选择。如：

观光游：竹泉村、红石小镇、影视基地。

度假游：温泉度假、年假民俗度假游、汽车营地自驾游。

专项游：滑雪项目、民俗文化游、乡村游大概念。

生态游：自然休闲采摘、生态农业体验。

四、沂南县域旅游品牌形象设计

（一）沂南旅游品牌传播语设计

沂南原有的传播语为“红绿古泉”，意为传播沂南最主要的旅游资源，如红石寨、竹泉村、智圣汤泉等。

原有的旅游品牌定位为“智圣故里、红嫂家乡、温泉之都、休闲胜地”，同样是以景区为单位进行传播，即使有“休闲胜地”来突出沂南旅游模式为休闲度假游，也不是以沂南整体作为传播主体，即使此定位传播范围广，为受众接受认可，也只是宣传了景点，并未打响沂南的知名度，出现了“只知景点，不知沂南”的情况。

项目组在进行传播语设计过程中，采用了集体头脑风暴法，先提出各种创意设想，再逐一论证筛选。

1. 创意设想方向——“红”

论证过程概述：

“红”，顾名思义，指的是红色文化，如“红动沂南”“红嫂家乡”……

红色文化在沂南的体现主要是沂蒙红色影视基地，其中“红嫂家乡”这个概念是最为具有差异性的品牌资源。

但是，红色文化作为革命战争时期所保留下来的一种精神，普遍存在于全国各地，在山东省，也有诸多市、县存有红色文化的烙印。

当游客听到“红色”，又定位于山东时，会不自觉地联想到沂蒙山、沂蒙精神、沂蒙山小调等关键词，其中沂蒙山的两个支系——沂山和蒙山，分别位于潍坊市临朐县和临沂市蒙阴县，与沂南并无关联。

论证结果：否定了“红”的创意方向。

2. 创意设想方向——“智”

论证过程概述：

“智”，代表的是智圣故里，即诸葛亮出生地。我们考虑过“智汇沂南”等传播语的方向。

诸葛亮是人尽皆知的历史人物，凭借诸葛亮的名声宣传沂南，的确会让游客方便识记。但首先，诸葛亮只是出生在沂南，13 岁时即随叔父南迁至豫章（现江西省），其流传后世的故事和成就均不是发生在沂南。且诸葛亮的传播较为出名的已有河南南阳、湖北襄阳、陕西汉中，与沂南形成竞争。

论证结果：否定了“智”的创意方向。

3. 创意设想方向——“乡”

论证过程概述：

关于“乡”，是项目组讨论最激烈的方向，因为“红嫂家乡”的“乡”、“竹泉村”的“乡”以及在沂南乡村旅游规划中的那些“乡”……都让项目组一度坚持，将创意方向锁定“乡”。

“乡”，一方面指乡村，指沂南能够提供的乡村体验；另一方面指思乡，指游客对沂南的感觉，指城市人对故乡的思念。

但是论证的结果表明，“乡”的定位并不适合沂南。

虽然沂南能够提供乡村体验，如竹泉村的古朴建筑、特色美食、质朴村民，以及林海花田的家庭农场和采摘等。但沂南是一个多样化的旅游目的地，它所能提供的不仅仅局限于乡村体验，智圣汤泉的休闲养生，红石寨的现代露营，甚至竹泉村等，都是时尚的、现代化的、深受城市人喜爱的旅游项目，不能笼统地概括到乡村旅游中。

结论：沂南的传播语不再是诉求大美山水，也不再是对某一景点或几个景点的关照，而是把沂南作为一个目的地名称，作为一个类同城市品牌的名称，在传播语中予以强化。在沂南旅游的大发展阶段，这个传播语必须具备强烈的营销传播特性。

4. 传播语确定

最终传播语的确定为：“向沂南，心怡然”。

这条传播语直接包含“沂南”二字，而不包含任何沂南的具体景点名称。这样的传播语，不但给了游客最直观的信息，让沂南这个名字在游客脑海中留下印记，改善以往“只知景点，不知沂南”的状况，而且将旅游目的地设定为沂南县，而不是沂南的某一个景区，给游客传达一个“沂南是一个整体”的信息，跳出先前的景点与景点相互独立的模式，引导游客树立一种“关注景点以外的沂南”的意识。

选择“向”字，而不是“去”“到”“来”等，是因为“向”字的引导性更强。当这个传播语呈现在游客眼前时，目的不仅仅是让游客知道沂南，知道沂南适合周末前去，更重要的是让游客化想法为行动，把旅行从脑中落实到脚下。这里的“向沂南”三个字，如同革命时期的“向前进”一样，是一种口号，充满力量，给人想要出发的动力。

此宣传语是游客心中关于“周末去哪玩儿?”这个问题的答案。在游客心中有旅行计划的雏形时，一般会根据自己的时间、预算等因素，在网络、报纸或亲朋好友那里寻找一个合适的目的地。而“周末，向沂南!”省去了这个步骤，直接在游客心中植入了结果，当游客想到“周末想出去玩儿”，进而考虑“周末去哪玩儿”的时候，这句传播语就会像导游一样，将游客心中的答案指向沂南。

“向沂南”表达的是一种指向性，起着号召、鼓舞的作用。“向沂南”是心向往，在路上，是一种不论是否去过沂南，心里都对沂南有着向往的强烈情感。没去过的人心里憧憬着沂南，憧憬着竹泉村的竹影泉声，憧憬着智圣汤泉的舒适宜人，憧憬着沂南绿水青山、质朴天然的乡村天地。去过的人也会向往，因为难以忘怀沂南的一切，心里有着不舍，产生了想要再去一次的冲动。这种冲动在游人的心里就像一颗种子，在某个空闲的时刻，它就会生根发芽，吸引故人再次踏上沂南的土地。“向沂南”更是一个目的地，是一定要到达的地方。周末休闲游的目的地很多，游客可能会产生选择的迷茫，这句“向沂南”就像一个路标，一个导游，明确地告诉游客旅行的目的地就是沂南。游客在没有特殊偏好的情况下，很有可能被这种热情推荐所吸引而踏上旅程。同时，“向沂南”是一个与时间、空间、友情、亲情、爱情都可以相契合的百搭概念，可以根据具体的情境打造出符合时空感的传播理念。

在时间上，可以根据节假日、有闲时等角度，根据当期的传播主旨，给游客热情好客的欢迎号召。

时间状语可以加在“向沂南”前，如“周末，向沂南”，“国庆，向沂南”，“过年，向沂南”；也可以放在“向沂南”之后，如“向沂南，春意盎然”（春季出游），“向沂南，相聚欢”（过年）。在客群上，可以根据亲子游、情侣游、朋友游、同学游等概念，组成一系列传播语，如“向沂南，一起 GO”，“带着爸妈，向沂南”，“和 TA 一起，向沂南”。

“向沂南，心怡然”中，“心怡然”表达的是旅行的体验，是一种心情舒畅、愉悦自得的美好。沂南作为乡村旅游的目的地，给游客最大的享受应当是放松和释然。“心怡然”表达的就是这种旅行体验。

（二）沂南旅游品牌 LOGO 设计

LOGO 由红、黄、蓝、绿四方印章组成，分别代表沂南的四个主要文化元素，印章效果正式、严肃，但四方印章颜色各异，色彩活泼，使整个标志和谐美观。

红色部分中两个女性头部的侧面剪影代表沂南红色文化和红色文化中最有名的红嫂文化。红色文化既表示沂南是沂蒙山区革命根据地的中心、沂蒙精神的重要发源地，又指代沂蒙红色影视基地。

黄色部分中的图案是扇子，代表沂南智圣文化。诸葛亮是历史上有名的“智圣”，沂南是诸葛亮的出生地，“智圣文化”已融入到沂南旅游的方方面面。有诸葛亮文化公园、智圣汤泉旅游度假村等旅游资源，孔明养生宴、诸葛亮家酒、诸葛茗茶等特产，还有以智圣命名的电影院、动漫园等。

蓝色部分的图案是水花，代表沂南的水文化。沂南有沂、汶、蒙三河贯穿全县，孕育文明，滋养生命。另指泉元素，有竹泉村和智圣汤泉旅游度假村等相关旅游资源。

绿色部分的图案为竹子，一方面代表沂南的乡村文化。沂南的旅游定位为周末乡村休闲度假游，旨在给游客提供与城市生活相差异的乡村体验，是对游客最有吸引力的乡意。另一方面指沂南最知名的景区之一竹泉村。

（三）沂南旅游品牌广告文案

标题：意

正文：

我看见红色的桀骜的石头，
化成了沉静山村民居。
我看见热闹的集市和人群，
散发着想象中的乡土气息。
小城里温暖悠闲的世界，
和它给我的关于自由的惊喜，
就是我来到这里全部的意义。
向沂南，心怡然。

标题：咦

正文：

哈哈……
快乐是快乐的方式，不只一种。
穿梭于红绿相间，我已非我。
当所见跨越所想，这是一趟难得的寻觅。
我轻轻地点头：
旅行，就要一场华丽的惊讶。

向沂南，心怡然。

标题：忆

正文：

想念，
竹影斑驳，流水潺潺；
念想，
淳朴笑脸，农家菜饭。
欢喜，
温泉氤氲，红石涅槃；
喜欢，
诸葛故里，汉墓斐然。
留恋，就是我的心依然在那儿。
景色之上，是一段温暖、不老的记忆。
向沂南，心怡然。

标题：沂

正文：

沂南，是她的名字。
与她相遇，恰好闲逸。
初遇，智圣传承，红色蔓延
再遇，竹影温泉，乡村景逸
又遇，民风淳朴，流连忘返
相遇总是短暂，
沂南，不再只是一个名字，而是我的目的地。
向沂南，心怡然。

标题：怡

正文：

当我逃离了繁忙，
沉浸在一座城。
倾听竹影间的风声，
吹过融化了月光的泉涌。

静观历经风雨的一抹红，
带着掠过时光的坚毅的感动。
停停走走，走走停停，
在这里，收获了一场心悦神怡的旅行。
向沂南，心怡然。

（四）沂南旅游品牌展示形象设计

【相关案例链接】

县域旅游品牌的构建原则

县域旅游品牌在建立的过程中，既要遵循目的地品牌创建的一般规律，同时也要结合县级行政区划的特殊性。

1. 系统化原则

县域旅游品牌在创立与发展的过程中，系统理论是其有力的支撑。县域本身就是一个系统，又处于其他系统之中，县域内部各要素相互依存，同时又相互作用。县域本身也是外部系统中的一个环节，内外系统相互作用。县域旅游品牌在创建的过程之中，不能用孤立的眼光片面地看待县域内的各要素，要以全局化的观念，将县域内的各要素综合起来，进行系统的分析。宏观上，要从旅游行业发展、经济发展的角度出发，从整体规划的高度出发；微观上，要兼顾各景区、各旅游产品的发展，优化资源配置，以科学的、系统化的方法建立旅游品牌。

2. 协调化原则

县域旅游品牌建立的过程，是对县域旅游利益相关体之间现有利益及未来利益的一次关联和再分配。统一品牌的建立，实际上是将区域内利益相关体更加紧密地联合在了一起，这就要求品牌在建立的过程中，要充分考虑利益相关体之间的关系。品牌内部各支撑要素需要协调一致，而品牌也要能够服务于县域内各利益相关体，保证相关利益能够统一在品牌之下，不形成冲突。

3. 求是原则

县域对于旅游品牌需求的产生，与旅游行业的发展分不开，而旅游品牌的建立，其核心内涵和总体形象，与县域的现实条件以及旅游行业的发展程度更加紧密相关。县域政府在塑造旅游品牌的过程中，应该保持谨慎的态度，以实事求是为原则，以县域旅游发展的基本情况为基础，以旅游发展战略方向为依据，建立品牌形象。脱离实际的旅游品牌，以及与旅游发展方向不符合的旅游品牌，将在县域旅游发展的过程中产生阻力，消耗政府在品牌建设中所投入的精力和资本。

4. 创新性原则

党的十八届五中全会上通过了《中共中央关于制定国民经济和社会发展第十三个五年规划的建议》，其中提出，"创新是引领发展的第一动力"。当前，随着县级行政区域逐渐成为旅游行业竞争的主体，县域之间旅游品牌竞争逐渐进入了白热化的阶段，优秀的旅游品牌往往被人们所熟知，成为旅游地的标志，并且为旅游地带来更强的传播效果和更大的市场份额。县域在品牌建设中，需要依靠于创新的力量，形成属于自身的独特亮点。具体而言，县域政府要从旅游资源、旅游设施、旅游服务、旅游观念、旅游体制、旅游产品和旅游经营等方面入手，建立新的旅游管理模式，创造新的旅游消费方式，推出新的旅游产品，开拓新的旅游市场。为实现旅游的可持续发展，县域必须始终坚持创新原则，将创新融入旅游行业的方方面面。

5. 差异化原则

随着旅游行业的发展，旅游对国民经济的贡献越来越大，越来越多的城市、企业将旅游行业视为优质的利益渠道。在商业利益的驱动下，旅游市场上很容易形成恶性竞争，集中表现为旅游产品的雷同，这实则是对资源的浪费，对旅游行业的健康发展百害而无一利。

县域依托具体省市行政区划，同区域内县域，在经济、文化、历史、自然资源等方面都有极大可能存在相似性，为了避免恶性竞争，县政府要在品牌创建的前期，对竞品县进行调研，避免与竞品县采用相同的品牌形象、品牌策略等。以浙江特色小镇规划为例，浙江省于2015年公布第一批浙江省省级特色小镇创建名单，名单中，37个首批被录入名单的小镇各有特色，每个镇都有属于自己的特色产业，有着属于自己的不同品牌，这不但赋予了小镇不同的特色，更加形成了差异化的集群式发展。[①]

6. 前景预留原则

目前,我国县域旅游发展还不完善,多数县域的旅游业还处于起步阶段。早期建立旅游品牌,有利于县域旅游产业的发展和旅游市场的开拓。然而我们必须意识到,旅游品牌的建设需要为本县旅游业以及县域内旅游产品、旅游企业的发展预留出空间,不能让品牌成为"条款",成为旅游行业发展的桎梏。县政府需要结合本县旅游行业发展的战略规划,避免品牌内涵单薄、发展空间过小,否则易产生旅游品牌与旅游业实际发展脱节的情况。

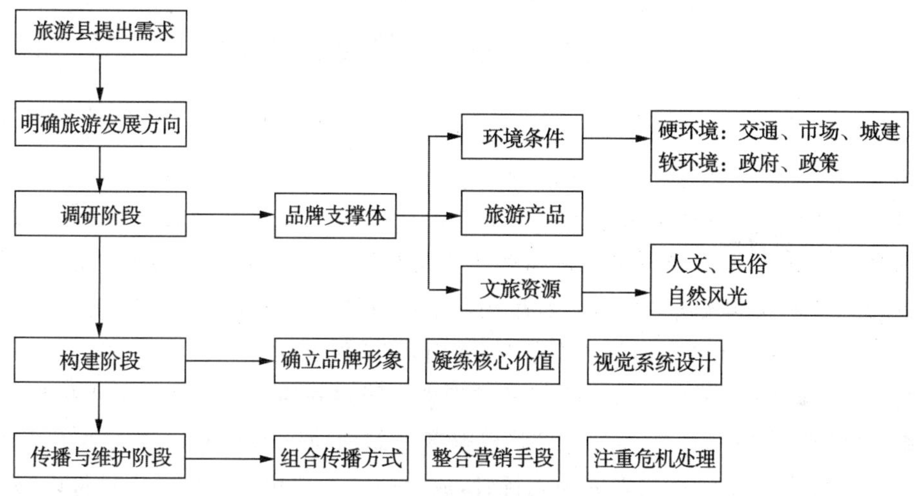

县域旅游品牌构建路径图示

(案例来源:沂南县旅游局)

① 参见赵灵灵:《特色小镇应有的六个内在逻辑——以浙江省为例》,《中国房地产》2016 第 29 期。

案例4

好客之道

——“好客山东”品牌传播案例

一、案例背景

(一)对“好客山东”的深度发掘

2008年,山东省旅游局创立了“好客山东”旅游文化品牌。2017年,品牌发展历经10年之久的“好客山东”已经成为享誉国内外的著名品牌。十年品牌之路,再出发!2017年,“好客山东”将以全新姿态面向国内和国际受众,“好客山东”将作为国家品牌战略发展的先行者,成为山东的文化名片!本项目将以“好客山东”品牌传播为目的,发起一项有影响力的事件营销活动,推介“好客山东”品牌的深层文化内涵。

(二)“好客山东”的华丽转身

“好客山东”从人民中来,站位于理论、政治角度去提升其高度,本次将回到人民中去,从人民的角度,实现从地区旅游品牌到国家品牌的华丽转身。之前“好客山东”不断在丰富其内容,打造其根基,而本项目要做的是品牌内容的升级,从内容力的打造转变为话题性、传播性、影响力的打造。以“好客山东”品牌传播为目的,发起一项有影响力的事件营销活动,推介“好客山东”品牌的深层文化内涵。围绕好客山东十大文化旅游目的地品牌,用100个好客的场景、100个好客的片段、100句好客的话语,记录下好客山东每一处好客的情景。

二、创作过程

（一）事件营销话题——“好客之道”

“好客之道”亦是“好客山东之道”，以好客的名义，发动一场席卷全国的好客山东品牌社会事件传播，同时也是“好客山东”品牌的事件营销传播，通过事件话题，为“好客山东”的品牌影响力及后期的传播效果打下坚实的基础。

（二）平面作品创意

本项目创作了100幅平面作品，平面作品的创作手法为“摄影＋文案＋设计”，每幅作品都将包含以下特点：

1.镜头取材能够体现“好客山东”品牌内涵

100幅作品，不是单纯地取景或取人的摄影手法表现，而是基于“好客山东”的细节瞬间，每一幅作品都能够体现“好客山东”品牌的文化内涵，深刻展示“好客之道”。

2.通过故事性的表达打动人心

100幅作品，每一幅都包含着“好客之道”的真实故事。

（三）平面作品的创意执行流程

1.第一阶段——阶段考察调研

项目组在项目启动初期，将对十大旅游目的地逐一进行全面考察调研，以游客的视角，深入到每一座城市，体验好客的呈现形式，为创意的执行打好基础。

2.第二阶段——策划创意大纲，规划拍摄路线

拍摄路线是以创意大纲为方向，深入到每一座城市，采集城市从日出到日落，从深夜到清晨的值得传播的好客细节，挖掘打动人心的细微之处，通过筛选整理，最终形成100个关于“好客山东”的故事，真实再现“好客之道”的感人瞬间。

3.拍摄与设计

项目组的摄影师团队、设计师团队同行，同步开展拍摄与设计工作，设计师团队对拍摄的视角进行建议，摄影师团队进行摄影执行工作，作品摄制完成后，再由设计师团队进行后期设计加工，确保每一幅作品的艺术性和感染力。

三、部分案例作品展示

西客站篇

10平方米，不大不小。但对于每一个经过于此的妈妈而言，10平方米就是爱的行囊。我们选取西客站特有的“母爱十平方”，通过每一位妈妈与“母爱十平方”的故事，来展现山东的好客之道。

山航篇

山航，一个山东国际化的窗口，每天接待着来自世界各国的人。山航，正是

好客之道天空中的一面镜子，每一个细节都是好客之道最真实的展示。我们通过行李这个最容易被忽视，却是当下投诉最多的一个细节出发，并以山航人之间的友好相处为点，重新演绎山航。

台儿庄篇

台儿庄，这个每年接待游客人次逐级递增的地方，正是秉持着好客之道的精神，才创造了旅游界的“台儿庄现象”。我们深入台儿庄古城，从行船的人、开班车的人，到值守夜班的保安，再到修文物的人等等一系列那些看得见摸得着的真人真实真故事，让每一种好客之道鲜活起来。

黑虎泉篇

泉，济南根脉，正是这涓涓细流汇成了这座4000年古城骨子里的魂。泉，济南名片，来到济南不喝一口泉水，都不算到过济南。我们选取黑虎泉打水的视角，正是这一缕甘甜，串起来国内外的文化与人文交流，让每一位来到济南的人，愿做济南人。

沂南篇

沂南，一个没有陌生人的城市，因为在沂南都是亲人，在这里的道路都是带你回家的路，无论你走多远，都走不出这一山一水的眷恋，从每位沂南老乡对红色历史的铭记，到景泰蓝的荣光钟爱，从对景区游客细节的认真负责，到景区中的每一瓶水，从沂南的每一处都怀着对这片土地的温情与敬意，自然地将心底的柔软与微笑相送，一个个好客的故事串联起来，便成了好客沂南的模样。

四、案例亮点

这些不仅仅是照片，而是一本纪念册。每一个创意，每一张照片的创作过程，都是为了深度挖掘好客山东背后的故事，让好客之道有根可寻，我们记录每一次的创作过程，每个创意的呈现过程，除了"100"张好客之道的照片之外，最终将完成一部《好客之道》品牌形象画册，全方位呈现山东人的好客之道。

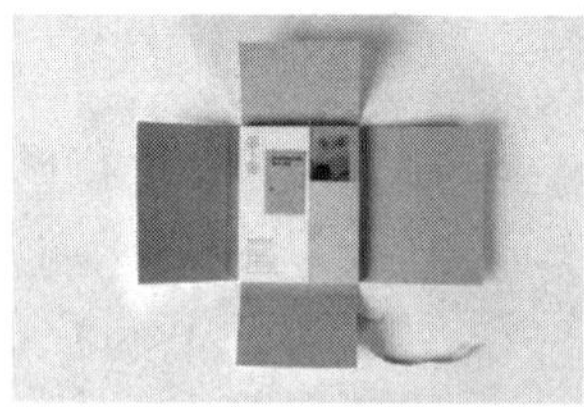

（案例来源：山东省旅游发展委员会）

案例5

明府城·百花洲

——明府城·百花洲城市传播案例

一、案例背景

（一）时代背景

1.世界已向东方看齐

20世纪下半叶以来，东方民族以及国家在政治、经济地位上的变化，在文化上也开始有所自觉，恢复了对自己民族悠久文化传统的自尊和自信。世界经济和科技的高速发展，在创造丰富物质财富的同时，意识到东方文化与西方文化的互补性，以及东方文化在世界文化构建中不可或缺的地位。

2.文化自信，构建强大中国梦

党的十九大以文化自信推进强国战略。华为强势领销，摩拜单车走出国门，品牌的胜利其实就是文化的胜利；医学科技的突破、互联网的领先、航天技术的领先；这种领先不是突然发生的，但是确实迅速在近来的10年间飞速发展着；中国未来必定是引领世界潮流的，而这种自信来自于——实力。

（二）城市背景

有着4000年历史的济南城高速发展，“东拓、西进、南控、北跨”取得优越成果，而4000年济南之魂，依然在明府城中，持续影响着这座城市。我们从宏观到微观再到济南，其实济南城市的胜利来自文化的胜利，而文化的根本就从明府城开始。世界已在东方，百花洲已经不需要证明，百花洲已经不需要再言国际，再言世界，因为我们想要打造的是能够代表济南、代表中国、代表东方的唯一的百花洲，可以说，此时此刻，明府城醒了，而百花洲正在绽放。

二、案例创作思考

（一）有情感的传播让城市变得有温度

新媒体时代来临，传统媒体已经不是传播的最好途径；事件化传播、品牌化营销、流量为王的时代已经到来，如何用直达人心的语言，传播城市的形象，直接关系着传播效果。媒体在传播信息时，一个打动人心的好故事往往能得到大众的认同，这样的好故事传播开来，才能逐渐让一个城市变得温润，达到润物细无声的效果。

（二）看明府城——最东方，最国际

I am not 纽约 | I am not 巴黎 | I am 明府城

什么是国际，中国最国际，不是只有西方最好，东方的就是世界的，济南的就是国际的，明府城也是一样，走遍了全世界，却是这里的水最清。

（三）看明府城——济南的根本大计

I am not 太古里 | I am not 宽窄巷子 | I am 明府城

就像宽窄巷子，同样拥有一副老面孔的怀旧地带，却有着不一样的故事，泉的魂，世界独一无二。看济南，万达繁华——没有根；融汇老商埠仿古——没根，宽厚里商业黄金地段——依然没根；而明府城有根，因为千年以来就叫明府城，我们与他们的不同叫根本大计——济南的发展从这里开始。

（四）看百花洲——济南醒了，百花盛开

可能有人会质疑，百花洲或许可以代表济南过去的一部分，但不能代表济南 700 万人，大明湖很好，南部山区很好，千佛山也很好，但是百花洲的地位却是无法替代的，它是一扇窗，一个平台，在明府城的大版图中最先醒来的一朵睡莲，明府城首开百花洲。

（五）看百花洲——重拾济南的记忆

> 城市中有很多人没有在走路——这是好城市的标志。
>
> ——丹麦建筑教父扬·盖尔

拥有最舒适的尺度，公共的空间的人性化，才是城市人停留的理由，济南有 417 家茶馆，只有这里人声鼎沸。只因夜幕下济南最美的一段，每天有那么多人像上瘾一样，只要有朋友来就到这里坐一坐，传统的茶馆很多却拒人以千里之外，这里却成为最有济南记忆的喝茶空间。

越来越多的人被百花洲吸引，因为这里是能找到记忆，创造记忆，分享记忆的，是济南寻根、寻梦的地方。

我们不是要打造另一个宽厚里，再一个芙蓉街；也不是要成为成都的太古里、上海的田子坊；这里拥有济南记忆、济南故事、济南宏图和济南人心里面渴望却说不出来的东西……

（六）创作理念传递

以微电影的形式拍摄百花洲的宣传照片，将百花洲作为一个剧场，来到百花洲的人作为故事的主角，演绎遇见济南、遇见百花洲的故事，让这里成为年轻人的时尚嗨场，老人寻根的好地方，外国人找到中国的元素，孩子在这里听到伴着泉水的童谣，恋人在这里谈一场穿越古今的恋爱。

三、作品展示

（一）实景拍摄

以实拍的方式，将世界的元素、中国的味道、现代的方式、生活的日常相结合，无论是每一次不经意的路过，亦或者是短暂的驻足，都能在百花洲里遇见你的故事，看见中国。

在这里遇见中国

又是一个快乐的下午，在百花洲

百花洲上竹马青梅的老时光

日子很长，生活很慢，我们好久不见

（二）场景手绘

以绘画的文创形式将市井生活具体化，复兴人与人之间的生活形态，以人们有温度的记忆为创作理念，重新建立人与人之间的情感沟通，表达济南原本该有的生活，让济南诗意还乡。

四、案例亮点

(一)荷花集的创意

“赶集”作为自古延续至今的中国民间风俗,之于中国人,有着浓厚的传统情愫。荷花,是济南的市花,历来为古往今来诗人墨客歌咏绘画的题材之一。我们将现代国际流行的市集形式与传统文化二者结合,打造一个属于济南的不可替代的文化市集品牌。济南创意市集名目各立,最济南的却在这里。串门子,走亲戚,赶大集流动着的是街坊情意,放慢的是嘈杂尘世的回忆。荷花集传承了济南的风土人情同时创造着新鲜有趣的记忆。在这里,小孩子有了赶集的记忆,老人回忆起赶集的乐趣,外地人找到新鲜的济南味道,济南人回到了泉水的心里,荷花集确实不怎么文艺,也不怎么先锋,我们只是提供了这样的一个地方,不用过度的包装和设计打扰,也不用时尚繁复的标签引导你,带着乐趣的心定收获了属于你的济南记忆。

（二）荷花集亮点

DJ 和民谣乐队现场表演

喝一口泉水大碗茶，我们都是济南人

留下你的故事，免费邮寄留驻济南明信片公益活动

（三）电台传播

电视没有让电台消失，互联网也没能将它代替，时代的发展不仅没有让电台退到历史中去，反而使电台重新回归了人们的生活。相比于纯文字阅读，一个干净的声音，一段娓娓道来的音乐，更容易让人融入其中，使人们在潜移默化中与百花洲有了情感沟通和共鸣。以声音的形式将人们心中的济南记忆、济南故事、济南宏图和渴望却说不出来的东西表达出来。

曲目：打水 qi

[Verse 1]
早上六点
来到黑虎泉畔
那城，那河，那古树
天水之间，全是晨雾

勤劳的人儿正在打水
懒的人儿才喝自来水
勤劳朴实的本色
到哪也没有错

济南四千年都没有改过
一城山色半城湖
四面荷花三面柳
济南像头迷鹿
无声地走，从不大声地吼
但是这也不妨碍
你会跟他自来熟

骑着两辆二八车的老大哥
拎着两个水壶哼着百花洲的歌

明德王府，我的邻居街坊
北大槐树，现在不知它的方向

那些归来的燕子
那些耍泥腿的汉子

那些闲聊的婶子
都挑着济南的担子

[Hook]
打水 qi，打水 qi……
大明湖，明城墙，从根源一路走来
打水 qi，打水 qi……
百花洲，剪子巷，还在延续的记忆

[Verse 2]
走出燕翅脊的门
散着民国的遗韵
眼中流露清风
像个高手，会轻功

时光荏苒
见他一声叹息：
现在的人见面
都不在行礼作揖

嘘寒问暖
也只是寒暄
在哪个单位上班
一个月工资多少钱

胡同没有了泉水
石路变成马路
燕子终究会归来
我们去往何处？

看着那些打水的人
围在岸边的柳树
听着他们拉的呱儿
好像从来不会打怵

甜沫不甜，茶汤非茶
天不怕　地不怕
打水 qi 就有天下

睡莲已经醒来
全世界都要倾听
这一刻济南走了千年
这一刻之后
济南还是济南

喝一口泉水　以示君子之交

（案例来源：历下控股）

第八部分

地产广告专题

案例1

地产界的新文化运动

——北大资源·尚品清河广告传播案例

一、案例背景

(一)楼市扑朔迷离　大势趋冷

2010年,红红火火的济南房地产成为众矢之的,遭遇了"倒春寒";政府不断下药方,楼市变得扑朔迷离;年中调控政策陆续出台,各种限购措施出台,加大房屋销售难度,整体市场环境急剧变化,市场趋冷;济南楼市其他项目销售开始进入淡季,个别项目销售甚是惨淡。

(二)资源地产巨擘　入驻济南

项目投资商——北大资源集团于1992年创立于北京,其前身为北京大学房地产开发部,是专业从事产业园区开发及运营、房地产开发及运营、物业管理服务等业务的综合性集团公司,是方正集团旗下五大业务板块之一。2006年,北大资源集团进行资源整合以后,正逐步向"资源地产"差异化优势的城市运营商及综合地产开发商进行角色转变。2009年,北大资源入驻济南。尚品·清河是北大资源入主济南的第一个项目。

北大资源在全国拥有近2000万平方米的土地资源及10余个项目的开发资质,但是身为地产新贵,因缺乏前期宣传和推广,知名度较低,难为消费者知晓。与国内一线房地产开发企业万科、绿城、中海相比,有一定差距。作为一个知名的房地产开发企业,缺少知名项目品牌支撑,企业品牌美誉度较低。

(三)清河首席名盘　领衔全城

项目地处济南传统意义上的脏乱差区域,认可度非常低;地块沿铁路带状分布，高压线从项目中间穿过，劣势明显。但是，项目紧邻济南泺口商圈，享尽物华天宝，占据天桥区未来生活央区，旨在打造清河流域首席名盘。

二、创作过程

项目面临严峻的市场环境，如何在市场中打开缺口，实现项目的有效落地成为营销推广的关键。结合当时项目所处的市场环境、品牌形象、项目特色等因素，因地制宜，有的放矢，制定了针对性强的推广策略：树品牌，造势，以变应变。

通过事件营销造势，抓住关键事件、核心事件，策划事件，树品牌，实现品牌的有效落地；同时以变应变——随市场环境变化进行战略调整。

（一）营销理论

基于对北大资源品牌丰富内涵的理解以及对竞争对手品牌营销手段的深入剖析，确定了以资源整合为核心的差异化品牌路线，将北大、方正品牌影响力与北大资源相融合，实施品牌延伸策略，以资源地产的经营理念打造企业品牌，并在此策略下展开一系列的推广和营销。

1.竞争的品牌差异化战略

(1)品牌核心—品牌支撑

北大资源品牌的核心——资源创造价值。

(2)品牌战略的选择

基于竞争和企业自身优势。

2.产品的品牌延伸战略

(1)品牌延伸策略的适用范围

品牌延伸是指企业利用现有的品牌延伸到新产品之上的经营行为。

(2)品牌延伸策略的优势

节省时间，节约成本，客户维护。

(3)保障——品牌模式的导入

整合资源集团资源品牌的影响运用品牌延伸策略在项目上集中体现，使资源型企业的差异化品牌逐渐建立并为市场所熟知。

（二）尚品·清河形象定位创立

作为中国文化地产扛鼎者，在一个不怎么样的区位、质素一般的地块上开发的本区位首席尚品美宅项目，营销推广工作就显得尤为重要。项目立足于区域市场竞争形势、产品、客群等要素，进行准确定位，旨在打造清河流域首席名盘。

区位态势:快速去化

项目的先天因素和竞争因素,决定了这是一次快速去化的开发和营销。

应对竞争,我们建议"田忌赛马"式的地块开发顺序:

以中地维护形象,对应本区域之下者。

以上地延续形象,应对竞品竞争。

以下地促销,悄声收尾。

客群对位:迎合品质生活追求者的文化需求。

目标人群:25～55 岁

按需求归类:

● 认同区位价值和升值潜力的人(投资需求)。

● 年轻首次置业人群(刚性需求)。

● 改善居住环境的二次以上置业者(次刚性需求)。

按来源归类:

● 本地人,主要包括有换房需求的拆迁户,和区域内企事业单位的中高层领导。

● 外地人,主要包括婚龄青年和洛口商圈的成功商人、私营业主。

大盘气势:本区位的 NO. 1

● 是北大资源集团在济南的第一个项目,依托百年北大,有着与生俱来的文化影响力。

● 所在区域房产开发相对落后,更加强化了成为区域领导者的潜质。

● 区域内项目很少做到统一形象、统一包装,为本案的形象营造反而提供机会。

● 要想做到区域的领先,佯攻做到对外形象上的全市领先。

基于以上因素的综合考量,项目推广的核心定位:

依托百年北大人文底蕴,一个有着独特居住文化和生活体验的高尚人文社区。

(三)视觉创作历程

"北大"是项目的一个鲜明标签,文化性也成为视觉创作的一个主攻方向。而文化是久远的东西,是沉淀的东西,具备绵延的特性,要求我们的广告诉求娓娓道来,善于留白,不大肆堆砌,易单一诉求,促销也要有韵味。文化元素的展示务求"量""面积""质",尽可能多地去化商业味道而制造文化氛围。

三、作品展示

(一)横向:全年策略执行,时间轴上的持续引爆

从品牌形象落地,项目形象入市到二期、大户型及洋房产品入市,项目针对

不同阶段，采用了不同的推广策略和营销措施，持续点燃市场，塑造项目热销神话。

1. 品牌形象落地

第一阶段：品牌亮相期

亮相阶段对调性与姿态的把握是关键，由此山东北大资源在 2009 年 9 月，用一版散发浓郁人文感召力的“高薪纳贤”诚聘启示，宣告北大资源地产集团正式登陆山东，由此引发泉城轰动。

第二阶段：品牌立意期

立意期的关键在于树立品牌的高度和市场地位，因此，在此阶段应该勾勒出北大资源作为城市运营商的地位和形象，并相对强势表达。由此，北大资源集团与济南市小清河投融资管理中心、天桥区政府正式签订《济南市小清河滨河新区——徐李片区改造项目用地意向协议》；宣布将斥巨资 160 亿，用“城市运营理念”注入资源打造济南滨河新区核心区；并山师北院，成为济南地王。

第三阶段：品牌支撑期

支撑期要给泉城人民一个直观的感受，要让老百姓清晰地理解“北大资源”，认同北大资源甚至产生强烈的向往。由此，尚品·清河掀起济南人文热潮，30 多块户外广告在一夜之间遍地开花，“传承北大精神，构筑人文地产”的核心广告语深入人心、妇孺皆知。

第四阶段：品牌体验期

近距离感受“人文之美”“资源之美”，由此，山东北大资源组织开展了北大夏令营活动，让省城的孩子从小种下北大心，同时也将北大资源的品牌种进泉城人民的心里；另外，北大资源集团与北京大学幼教中心正式签署了合作开办幼儿园的框架协议，北大幼教中心济南清河分园在 2012 年于尚品·清河项目落成。北大资源迈出整合品牌资源的第一步，作为尊师重道的齐鲁泉城，此次资源引入再次引起泉城关注。

2. 项目亮相

产品定位：百年文化地产，经典品质美宅

广告语：精神魅力决定生活品质

北大的自由与民主来自北大严谨的治学态度和厚重的精神沉淀，建筑同样如此。因此，以北大文化这面旗帜，快速切入，发起地产界的新文化运动。

广告创意切入点：

北大先哲的理想，正是北大资源集团在建筑领域的理想，先哲们的智慧、执着、理念、追求，处处闪烁在北大资源集团的作品中，也体现在尚品·清河中。北大与项目的关联，一句话概括：领域各有千秋，理想却是一脉传承。

系列文案：

(1)独秀

以创始者气魄开创新局面，从这个角度上，我们对城市的意义与他如此一致。

(2)园培

对理想事业的执着栽植，从这个角度上，我们的园艺追求与他如此一致。

(3)树人

呕心沥血的教诲与期盼，从这个角度上，我们的教育理想与他如此一致。

(4)适之

执着改良学术氛围，从这个角度上，我们对品质的追求与他如此一致。

主题活动：

①精神·建筑——北大资源地产入济新闻发布会

以“精神·建筑”为主题，召开北大资源地产进驻济南新闻发布会，进行事件营销，前后媒体跟踪报道。

②北大学林——北大学子植树行

为突出项目北大气质，在2010年植树节、“五一”期间，邀请济南或山东省的北大学子来尚品·清河植造“北大学林”——沿铁路线种植速成树，一方面作为消除铁路的影响，另一方面以“北大学林”命名，突出项目文化地产气质。

③尚品·清河业主北大行

北大作为国人心中的最高学府，其号召力渗入每个人心中。可根据不同营销节点需要，组织意向客户以家庭为单位参观北大，同时参观集团在北京开发的项目。

3.二期产品入市

在项目实现一期完美开盘的前提下，通过新生活主张的提倡，加深了北大资源人文地产的魅力，使得尚品·清河的人文气质更加深入人心，品牌知名度和项目认可度进一步提升，为二期的入市做好了铺垫。

二期推广主题：体验！资源地产丰盛季

北大幼教中心入住，景观示范区盛世开放。尚品·清河教育品质、园林品质、建筑品质完美展现，一座高规格人文社区形象日臻成熟，在塑造产品形象阶段，以“生活梦想”为主题，通过“体验式营销的方式”，将尚品·清河的生活感完美表达出来，以此来实现项目卖点与客户心理的深层次契合。

系列文案：

(1)资源地产　改变济南

签约徐李，开发尚品·清河，济南北部为之一变，成为改变格局的力量。

(2)资源地产季　辉煌一周年

北大资源入主济南一周年，为济南带来了资源，更带来了改变。

(3)让您的生活　成为别人的仰望

二期新品加推在即，经典与经典一脉相承。

(4)孩子 3 岁上北大

全国一线幼教品牌，北大国际幼儿园入驻。

主题活动：

活动立足于老业主，充分挖掘老业主资源，通过开展丰富多彩的业主主题活动，既可以提升案场人气，又能增强新老业主对项目的认可度和归属感，促进老带新，带动项目的销售。

(1)尚品·清河宝宝爬行大赛

(2)尚品·清河儿童才艺大赛

(3)尚品·清河家庭趣味运动会

(4)大户型 & 洋房入市阶段

尚品·清河通过前期的销售，项目中小户型房源已经所剩无几，销售主力将转移到“花园洋房”及“大户型”上来。该类型产品也成为营销推广方案的重点。

针对项目所推出产品的特点，确定了推广上以电梯花园洋房为主推广对象，从而以洋房的高端品质和尊贵形象进行市场占位，进而带动大户型的去化，确定了“两不一唯一”推广原则。

“两不”：不再以形象宣传为推广方式；不再以产品卖点为广告重点。

“唯一”：以产品稀缺性占领市场。

市场定位：二环独此　花漾电梯洋房

释义：洋房从来都以稀缺高贵的姿态为城市层峰人士青睐，而这种姿态正是像钻石一般的稀缺，像花一般的优雅。在洋房的语言里，我们称他为花漾生活。本案的花园洋房作为二环内仅有的稀缺洋房，本身就是一种稀贵的、奢侈品一样的洋房生活方式。

广告语：二环内洋房封笔之作

释义：二环内强调本案洋房产品的城市意义，从而与济南其他洋房产品进有效区隔；封笔之意来源于项目本身浓浓的人文气质，恰如其分地映射出本案洋房产品的唯一性。物以稀为贵，本案洋房的价值自然贵不可言。

系列文案：

● 二环内　一线水岸洋房　封笔之作

● 1300 米森林坡地　一首花园里的唱片诗卷

● 双真空隔层设计　科学宜居的完美生活质感

(二)纵向:全媒体视觉植入　空间上的深度演绎

配合项目的不同阶段,通过围挡、海报、楼书、新媒体等资源平台进行全渠道推广,线上、线下联动,直观展现项目人文属性,打造人文地产标签,树立清河流域首席名盘的地位。

1. 报广篇

(1)品牌形象落地期

标题:学界·地产界

正文:百年学界首府　再著地产经典

标题:精神　建筑

正文:百年学界首府　再著地产经典

(2)项目入市期

● 独秀

以创始者气魄开创新局面,从这个角度上,我们对城市的意义与他如此一致。

● 园培

对理想事业的执着栽植,从这个角度上,我们的园艺追求与他如此一致。

● 树人

呕心沥血的教诲与期盼,从这个角度上,我们的教育理想与他如此一致。

● 适之

执着改良学术氛围,从这个角度上,我们对品质的追求与他如此一致。

2. 围挡篇

标题:百年文化地产　经典品质美宅

正文:精神魅力决定生活品质

3. 道旗篇

标题:百年文化地产　经典品质美宅

正文:精神魅力决定生活品质

4. 其他推广延展

(1)产品建议

火车道噪音环境改善:沿线火车道修建隔音墙,种植高大乔木营造绿化缓冲带,最大化降低视觉和心理影响。

(2)社区景观建议

社区景观中引入北大知名景观,如博雅塔、北大华表、北大元素的雕塑,社区入口处设置北大名人墙,营造独具文化气息的北大生活氛围。

(3)售楼处装修建议

为突出文化味道,建议在售楼处拿出一部分做成微缩的"北大图书馆",以大书柜墙形成半围合式品茶室,作为嘉宾休息洽谈区。

四、案例亮点

(一)关联性

充分利用"北大"这一王牌,与项目进行巧妙嫁接,增强了广告的文化属性,更加易于传播,提升了项目的文化品位。同时,开展地产界的新文化运动,与北大发起的"新文化运动"相呼应,实现了卖点的有效融合,传播性更强,更具市场影响力。

标题:传承北大精神　构筑人文地产

正文:30 万平方米人文典范社区　清河流域首席名盘　荣誉而出

(二)人文性

在本项目出现之前,济南本地地产广告诉求远远落后于消费者的审美水平,人们只是从广告中获取商业信息,别无其他,无法打造丰满的形象。西风东渐,人们开始重视精神文化。因此,项目在整个推广过程中充分借助北大资源的人文属性,展现北大资源的精神气质,以北大名师、名家与项目属性进行有效结合,增强可读性和文化味,满足了市场受众的需求。

标题:独秀

正文:以创始者气魄开创新局面,从这个角度上,我们对城市的意义与他如此一致。

标题:园培

正文:对理想事业的执着栽植,从这个角度上,我们的园艺追求与他如此一致。

(三)趣味性

文化不等于知识,也不等于学术,文而化之方为文化。因此文化是久远的东西,是沉淀的东西,具备绵延的特性,要求我们的广告诉求娓娓道来,以柔克刚。表达上要求我们尽量诉求得"有意思",同样的话,我们说出来要更有意味。

标题:孩子 3 岁上北大

正文:全国一线幼教品牌,北大国际幼儿园入驻。

标题:1300 米森林坡地

正文:一首花园里的唱片诗卷。

五、社会评价

(一)销售业绩

尚品·清河凭借品牌、产品优势,创造了数次开盘数次售罄,当年逆市销售10亿元的业界神话,连续创造"天桥区销量冠军"的奇迹,引领了济南北部区域,备受泉城人民追捧和社会各界的广泛认可,并先后荣获"中国房地产(齐鲁)名盘""中国房地产(齐鲁)名企""中国房地产(齐鲁)生态景观楼盘"等称号,并获得最具创新力楼盘等多项大奖。

(二)专业评价

尚品·清河项目以优秀的广告创意,赢得了第十七届中国国际广告节15位专业评委的高度认可。广告主北大资源集团,源自北京大学,项目通过北大名人的名字,分别巧妙地阐述了项目卖点,并把建造者们对理想生活的执着追求与北大名人的精神进行巧妙链接,用地产新文化运动链接北大名人的新文化运动,一句"精神魅力决定生活品质",将文化、生活紧密结合。其中推广系列北大名人篇之独秀篇、园培篇、树人篇、适之篇在中国国际广告节中众多参选作品中脱颖而出,荣获中国广告最高奖——第十七届中国国际广告节地产类金奖。

(案例来源:北大资源集团·济南源利置业有限公司)

案例 2

以鲲为梦　与湖畔樾山相遇

——新城碧桂园·湖畔樾山广告传播案例

一、案例背景

（一）新城碧桂园双千亿房企　造梦苏州

湖畔樾山位处苏州相城区北，毗邻盛泽湖、阳澄湖，由新城、碧桂园双千亿房企联袂打造，约 50 万方生态云墅区涵盖高层、洋房、别墅三种业态，倾注“新桂”20 余年匠心经验，肩负苏州湖居生活变革的使命。

（二）苏州的世界湖居梦想　一路北上

苏州因湖而兴。湖统治了苏州楼市的“三大最”：中国豪宅之最（别墅 10 亿元/套）、高层单价之最（高层 6 万～7 万元/m^2）、富人规模之最（金鸡湖、独墅湖双湖区域：苏州首席富人区）。

临湖而居是苏州成功人士的共识。一瞰苏州湖居黄金价值链，从金鸡湖、独墅湖再到尹山湖，湖居价值线一路传承，生态、交通、配套、政策将双湖繁华引向城北，盛泽湖、阳澄湖作为苏州“最后一片双湖资源”，板块价值愈渐凸显，苏州新双湖时代由此开启。

（三）北双湖开山之作　树立城市新标杆

湖畔樾山傲据北双湖核心区位，生态环境优渥，随着区域配套的逐步推进，北双湖板块将助力苏州实现新的腾飞。占尽天时地利人和的湖畔樾山，其板块第一形象价值高度也至此建立。

（四）宏大的品牌与人居使命　如何演绎

如何表达双千亿房企造梦的气势？如何与苏州人的世界湖居梦想产生共鸣？如何为北双湖崛起做最好的代言？如何整合宏观、中观、微观三大层面，输出项目形象，是营销推广必须要解决的问题。

	宏观层面	中观层面	微观层面
范围	苏州(城市)	北双湖辐射区(区域)	新城、碧桂园(本体)
主体	苏州	新城、碧桂园品牌	项目本体
对象	投资客、生活改善人群	区域内改善人群	周边刚需
定位	北双湖30分钟园区生活圈	城市配套服务商	北双湖湖居样板
诉求	乐居双湖，未来投资价值	打造北双湖核心品质居住区	园区4.0生活
媒体	主流媒体+网络+话题	主流媒体+区域媒体	线下媒体与口碑

二、创作过程

（一）营销理论——超级符号

人是符号的动物。

——德国哲学家卡西尔

读图时代，视觉形象就像锤子，可以更快、更有力地建立认知定位并引起顾客共鸣。

——《视觉锤》（劳拉·里斯）

打造品牌的目的就是让选择变简单，启动人的直觉选择。

——品牌基因理论创始人龚凯

从最早的原始图腾，到如今的品牌标识，视觉符号皆是传播竞争中必不可少的利器。方寸之间，建立品牌独特的身份认同，使得受众产生信任感甚至信仰的力量。常规的推广模式，需要更多时间和精力，并且消费者容易在这一过程中被信息淹没。

我们面对的一个现实是：物质超载、认知盈余、碎片化生存、注意力稀缺，而超级IP倡导的是观念转变、思维革命和全新的营销模式，是商业模式的颠覆。基于双湖的稀缺价值与过硬的产品属性，湖畔樾山以“鲲”为主形象的IP符号由此诞生。

（二）鲲的创世

1. 精神内涵

鲲的故事，源于《庄子·逍遥游》。《逍遥游》的主题是追求一种绝对自由的人生观，最终达到忘却物我、无所依凭而游于无穷的人生境界，庄子以“鲲”作为自由象征，使之成为根植在中国人潜意识里的千年梦想。

鲲鲸喷荡，扬涛起雷——这是李白的潇洒。

伫鸣南岳凤，欲化北溟鲲——这是杜甫的心声。

鲲鹏展翅，九万里，翻动扶摇羊角——这是毛泽东的豪情。

中国人以梦为马，以鲲为梦，鲲早已成为一种超越自我、重归自由的精神符号。庄子的这一理想，与新城、碧桂园执着地为千万人筑写自在湖居人生、更新人居高度的理念不谋而合。

2.区位暗合

“北冥有鱼，其名为鲲。”暗合项目北双湖区位优势，“鲲”意为“大境”，带出本案的环境、双湖、价格优势，并使之上升到精神层面。

3.客群对位

“会当击水三千里，扶摇直上九万里。”人生进阶正如鲲，与湖畔樾山刚需、改善为主的客群非常吻合，喻客群人生的上升阶段。

4.大盘气势

“鲲之大，不知其几千里也。”大气磅礴，喻项目50万平方米生态云墅区，是大盘气势的充分表达。

(三)鲲视觉创作历程

现实与幻想的碰撞，往往会产生美好的存在。作为视觉符号的重要体现，“鲲”的形象演绎与视觉延展必须令人眼前一亮。

从抽象的鱼形，到展翅的鲲鹏，从黑白线条的勾勒，到雏形初现，17次方案调整，只为镌刻更深入的轮廓线条。

鲸的巨尾、鸟的翅膀、鱼的层鳞、鹰的慧眼……阅遍《山海经》等诸多怪奇古籍记载，只为展现更准确的神兽形象，诠释对鲲的全新思考。

灵动的线条充满设计感，艳丽又不失稳重的色彩，既有光明美好的象征，又

融合了北双湖的生态元素，几经斟酌，只为考量更生动大气的细节。

逸动的线条下，藏着吞纳万物的气场，也传达着新城、碧桂园两家千亿品牌共筑美好人居的信心；柔和深邃、坚定的目光，不仅是团队对于形象的深入思量，更体现出湖畔樾山对细节的极致追求。

作为湖畔樾山的精神象征，“鲲”不仅为北双湖带来全新视觉体验，更给苏州楼市注入了新的活力，见“鲲”即新桂，令人过目不忘。

三、作品展示

采用360°IP符号品牌营销策略，横纵联合，拓宽传播，实现推广的统领性、话题性和可延展性。

(一)横向:全年策略执行，时间轴上的持续引爆

从项目入市到续销期，鲲的形象贯穿宣传始终。不论是项目初期的鲲元素部分展示，还是开盘亮相的鲲整体展示，不同形态的鲲视觉，刻画逐步深入，形成品牌记忆点。

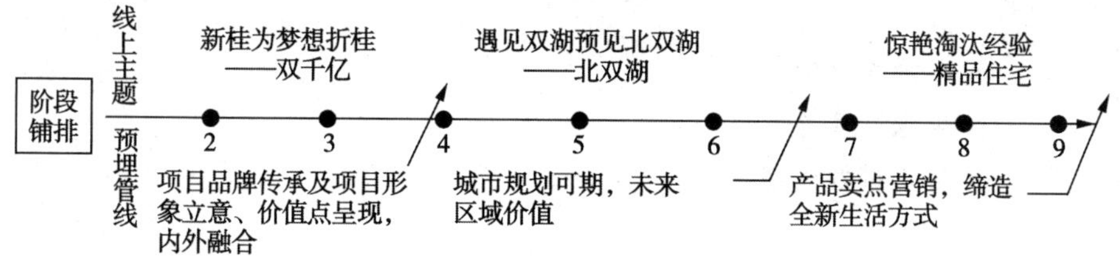

(二)纵向:全媒体视觉植入　空间上的深度演绎

配合项目的不同阶段，通过围挡、海报、楼书、新媒体等资源平台进行全渠道推广，线上、线下联动的同时，直观树立鲲的形象，多变的IP符号也引发苏州业内轰动。

四、案例亮点

(一)有温度的IP——人群标签化:鲲仕

推广就是要解决人群的归属问题，与其进行生硬的价值输出，不如进行深

情的沟通共鸣，只有先与我们的客群产生共鸣，赋予客群归属感，创造独特的项目族群，才能让客户“听我说”，与目标客户进行沟通，再有对客户“说什么”，以沟通式宣传达到“洗脑”效果。

湖畔樾山的推广在面对客群时“攻心”为上，通过研究项目的客户属性和特征，建立项目的客户族群，在鲲的精神理念和视觉基础上延伸客群标签——鲲仕。

鲲仕以梦为马，坚持积极向上的人生追求，正如“扶摇直上九万里”的鲲，以己之力，实现远大理想；鲲仕注重品质自由的生活方式，进可拥揽都市的繁华生活，退则安享自然的生态景观；鲲仕有情有义，将“士”精神得以传承；他们忠于理想，让“仕”因“士”而伟大。

鲲仕文案：

标题：何为鲲仕

正文：

没有靠山背景，
依然能写就家族史册的人，
就是苏州当代鲲仕。

没有位高权重，
依旧能主宰未来的人，
就是苏州当代鲲仕。

没有宗教信仰，
依然能够信仰家庭的人，
就是苏州当代鲲仕。

没有花腔手段，
依然能让对手臣服的人，
就是苏州当代鲲仕。

（二）有共鸣的 IP——推广事件化：为梦想发“声”

在嘈杂的网络环境里，推广不仅是行业的竞争，唯有创造事件才能创建与城市的共振。当其他人都还停留在画面的“二维平面推广”时，湖畔樾山结合声音进行“三维立体推广”，突破画面限制，增加视觉之上的听觉感受，在推广上“先声夺人”！

声音是一个城市的 DNA。通过声音传递梦想，让梦想指引方向；让声音指引回家的方向，让湖畔樾山成为家的选择；让声音讲述细节的故事，让惊艳淘汰经验！各种声音最终传递出的不过都是客户内心对于家所渴求的“心声”。

标题：城市的声音（入市篇）

正文：

一声一城，为梦想发声

时代造就了未来的声音，而造就时代的，却并非城市本身，而是人。

无论任何时空，发展的趋势、进化的方向，都取决于人。

人是城市灵魂的指引，也是最恒久律动的声音。

标题：湖旦的声音（2017 元旦篇）

正文：

在新变革浪潮中，谁能代言未来的声音？

园区 4.0 生活，倾听湖居变革的声音。

标题：回家的声音（2017 新年篇）

正文：

在这个纷繁复杂又日益浮躁的社会中，丰满而又有意义的人生，需要一个指引的标航。

湖畔樾山结合春节档，用声音指引回家的方向！

标题：匠心的声音（产品发布会篇）

正文：

刀笔的雕刻声、笔尖的沙沙声，电脑绘图的键盘声……

声音是匠心精神的记录

湖畔樾山精研产品，用匠心向城市发声

（三）有个性的 IP——文案风格化：旧词新解

文案就是一种说话、表达的方式，确立项目独有的文案特点，创造市场上旗帜鲜明的表达方式，也是 IP 营销的重要组成部分。

湖畔樾山在推广上推出“旧词新意”，以新型辞典形式结合项目卖点，借助对成语进行新、旧释义对照，在潜移默化中向客户植入项目信息，建立项目独有的语感和画面形式，区别于市场其他项目的推广，得以脱颖而出。

（四）有萌感的 IP——网媒娱乐化：苏小鲲

受众的阈值越来越高，越来越难以被打动。近年以熊本熊、小黄人为代表的 IP 吉祥物，凭借“卖萌文化”、亲民属性，制造新媒体传播时代的病毒式传播，为传播困境提供了一条出路。

加推二期之际,“鲲”的萌化版“苏小鲲”横空出世,其形象沿袭了“拟人化”创意方式,更具有网络传播力。线上创作了苏小鲲表情包,将其形象多元化;线下制作了苏小鲲玩偶、钥匙扣等,将其形象实体化,成为客群生活元素的一部分。

五、社会评价

(一)销售业绩

销售成绩就是最好的评价:

项目自 2017 年 3 月 25 日首开至 2017 年 9 月

2 个月热销 12 亿

3 个月跻身苏州 2017 上半年楼市排行 TOP2

6 个月获苏州 1~8 月销售面积榜、套数榜第二名

更蝉联相城区 1~8 月销售成交金额、面积、套数三连冠

(数据来源:克而瑞苏州)

(二)媒体评价

项目来赏湖新品推广及马戏团活动事件案例,入选《房地产营销精选》;国内最大的图片设计分享网站——花瓣网,也收录了项目鲲视觉案例。

对于鲲的视觉演绎,鲲,国人以之为梦,并寻宜鲲居所,今湖畔樾山,融品牌、文化、繁华、生态等一体,于北苏州筑鲲仕之宅。妙!

——网易房产苏州站主编　侯京都

为项目定制创意形象,在楼市中并不罕见,但湖畔樾山跳脱常规地选择了“鲲”这一形象,从推广伊始就给予受众新鲜感。既契合北双湖区位,又与自身巨大住宅体量呼应,更暗切古时相城伍相的“相土尝水,象天法地”,与“鲲”形成文化共鸣,使受众产生自然联想,增强项目自身气质,这一手文化牌着实精妙。

——搜狐焦点苏州站主编　张稚廉

(三)广告主评价

一切商业皆内容,一切内容皆 IP! 从迪士尼、airbnb、Papi 酱到 YouTube、鹿晗,IP 浪潮席卷全球,这不仅仅是互联网领域的革命,更是未来商业的游戏新规则。IP 从泛娱乐形态快速渗透新商业生态全维度,正深化为不同行业共同的战略方法,甚至是一种全新的商业生存方式,即 IP 化生存。

在这个时代,只有拥有内容力才能生存,真正意义上形成心智连接,真正意义上完成基于用户情感的维系。超级 IP 就是把这样一种维系、连接、温度感,

转化为更可持续的流量。超级IP作为势能发展出的新物种，它的生长姿势，表面上看起来是物竞天择，其实是顺势而为，背后的本质都是在为自带魅力人格与信用的个体加冕。

在这样的时代背景下，湖畔樾山创新推广，从鲲视觉到鲲仕再到苏小鲲，不单是视觉上的风格演绎，更是IP符号的不断演化，将鲲打造成了新城集团苏州公司2017年策划推广的一只“独角兽”，并用销售业绩验证了IP营销的巨大成功。

——新城控股苏州公司副总经理杨惠

超级符号就是超级创意，不断演化的鲲视觉，具有很强的内容能力和人格属性，更有连接力与温度感。湖畔樾山一系列的创新尝试，打造出辨识度极高的、可认同的商业符号，在鲲这一IP的催化作用之下，广告、用户、项目天然整合一体，形成了极具吸引力的售卖逻辑，同时湖畔樾山项目作为苏州市2017年1～9月份的销售冠军楼盘的销售成绩，也证明了其成功。

——湖畔樾山营销总监冯科茗

舍得花时间历练的，或许才称得上极致。而一个优秀的项目IP，一定是积累到一定量级后所输出的精华，拥有着强大的生命力，且更具吸引力。应该说鲲视觉的诞生是成功的，创新成长的视觉形象，不仅增添了画面的观赏性，也为项目的营销推广提供了新的可能。

——湖畔樾山策划经理孟丽军

（案例来源：苏州金世纪房地产开发有限公司）

案例3

重汽的重头戏

——“重汽·1956”广告传播案例

一、案例背景

(一)市场背景

2014年,济南楼市的开局并不精彩。受全国金融政策趋紧的影响,首套房利率普遍在基准利率的基础上上浮了5%～10%,2013年的九折房贷利率政策彻底取消,不少刚需、刚改购房者观望情绪浓厚,纷纷选择停止购房,以等待利率折扣的回调。数据统计,2014年济南住宅市场总供应量远高于同期水平,而市场成交量较同期却有明显下降,库存压力明显,市场长期处于低迷状态,房价甚至有下跌态势。

(二)品牌背景

1956年,中国重型汽车集团有限公司的前身济南汽车制造总厂成立。1993年,中国重汽集团全资子公司——重汽地产成立,秉承“用人品打造精品,用精品奉献社会”的理念,重汽地产将源自国之重器的精细化管理延续到地产开发,先后打造了嘉和苑、嘉盛苑、嘉兴苑、嘉泽苑、彼岸新都、彩世界、翡翠郡、翡翠清河、翡翠东郡、翡翠外滩、莱蒙湖等项目,并以其高标准、好品质,逐渐在市场上形成良好的声誉和口碑,成为“品质地产”的代名词。

(三)项目背景

2014年,重汽地产创新思路,高瞻远瞩,择址奥体CBD片区,以自己的生日命名,以自己的生命承诺,倾力打造全新高端豪宅力作——“重汽·1956”,重汽地产20余年来的一部重头戏隆重开场。

项目坐落于济南市奥体核心片区,占位奥体政务中心、汉峪金谷金融中心、高新区产业中心三心交汇的核心绝版位置，天赋优越，是济南最耀眼高地，未来升值潜力无限。项目紧邻龙奥北路与舜华南路，据守交通动脉经十路、景观大道旅游路以及城市第一金融大道凤凰路，交通十分便捷。占据地段的绝佳优势，集聚天时与人和，"重汽·1956"突破重围，逆市热销，成为重汽地产里程碑式的标杆产品，谱写重汽地产新的篇章。

二、创作过程

（一）定位：专住的房子　Slogan：重汽地产的一场重头戏

1. 重汽的"重头戏"

1956 年，中国重型汽车集团有限公司的前身济南汽车制造总厂成立。通过自主创新，不断研习重型汽车制造工艺，于 1960 年，生产制造了中国第一辆重型汽车——黄河牌 JN150 八吨载货汽车，结束了中国不能生产重型汽车的历史。重卡的发动是新中国的强力引擎，可谓 50 年代中国的重头戏。

1993 年，随着城市经济的不断发展，房子和车子在人们的生活中越来越重要，是年，中国重型汽车集团房地产开发公司成立，重汽地产以重汽的精神传承，奠基民生的夯实基础，为百姓造好房子，上演了 90 年代中国的重头戏。

2009 年，随着十一届全运会的举行，济南奥体中心聚焦全国目光，也引发了全济南的关注。重汽地产顺势而为，发力济南重心——奥体板块。2014 年，"重汽·1956"隆重登场，成为济南奥体这块炙热土地的重头戏。

大时代有大格局，大格局有大动作。"重汽·1956"恰似一出好戏，在奥体片区上演，"重汽的一场重头戏"等文案由此诞生，"重头戏"这一概念也贯穿了项目的整个推广过程。

2. "专住"的纯居住社区

在现在快节奏的城市生活中，灯红酒绿，车水马龙，人们在享受便利的同时也变得不堪其扰，越来越多的人渴望找回纯粹的生活方式，回归睦邻而居的时代。

为了找回居住的纯粹性，"重汽·1956"共规划有 8 栋住宅楼、2 栋多功能会所，没有大型商业等过多配套的打扰，让房子完全回归其功能本质。加之人车分流的人性化设计，私家车入门后即刻经车库入口进入地下，地面无停车位。如此仅 872 户的小体量社区，让居住远离嘈杂混乱，使宁静、自然、安全、闲适的美好体验变成其中主人生活的真实感受。

鉴于此，我们将项目打造成"纯居住社区"，并引申出"专住"的概念，既体现纯居住，又阐释了重汽品牌的匠心"专注"，一语双关。

3. CEO 级的"重要人物"

通过前期深度访谈项目周边竞品的销售经理、策划经理、置业顾问等业内人士，充分了解竞品项目成交客户特征之后，我们描摹出本项目的目标客户群：

他们是充分自信的一群人，对商道与处事哲学的自信。

强调购买的物有所值或物超所值，而不是物美价廉。

关注细节，通过细节衡量整体的能力很强。

认为物业价格也是一种社会圈子的识别。

他们追求居住圈层的纯粹性，追求看得见的尊贵，追求精神的归属。

他们是周边私营业主、产业人群及企事业单位中高层管理者、泛公务员、大东部的财富一族。

此外，从所处地理位置来看，项目与汉峪金谷隔路而邻。而汉峪金谷则是济南市乃至黄河中下游地区首屈一指的大规模金融中心，400 万平方米写字楼，吸引山东众多大型企业入驻。基于以上因素的考量，项目的客群定位应运而生，即 CEO 级别的"重要人物"，由此诞生了"CEO 专享官邸""致献重要人物"等文案创意。

(二)推广阶段分解

为将项目打造成奥体片区的标杆名盘，牢固树立重汽地产本土开发企业第一品牌，丰富并升华重汽集团企业文化内涵，最终实现高端形象占位，高价格快销售下的"名利双收"，项目创新推广方式，促进项目短时间内得以广泛传播。

1. 活动入市——"全城寻找 1956"

"重汽 · 1956"，既然以重汽的生日命名，其精神层面所反映的企业文化、企业形象、品牌价值都需要不断深挖，我们要明确的是，"重汽 · 1956"不仅是一个楼盘，更是整个重汽地产、重汽集团品牌影响力和价值的一种集中体现，因此项目不仅仅要销售房子，也要收获社会价值。加上入市前，虽奥体 CBD 地段备受关注，但要客户找到项目的具体位置并不是那么容易，因此，我们整合资源，与齐鲁晚报报商、济南电视台等平台合作，策划了一场大型活动"全城寻找 1956"进行造势，实现了快速聚焦人气，引爆市场充分关注，为开盘充分蓄客做好了准备，同时深化项目形象内涵，加深了市场对项目品质的认知，也让消费者对重汽这一国之重器的光荣历史更加了解，同时也将这种精工巨制与"重汽 · 1956"的品质相关联。

第一季：重温记忆，寻找"1956"

一组数字，一个印记，一组照片，一个动人的故事，一件老物品，一段珍贵的回忆……"1956"是一组数字，更是一段传奇。项目与齐鲁晚报合作，以夹报形式原版刊登 1956 年同月同日报纸(《大众日报》)内容，拿当日报纸可前往项目售楼处领取奖品。

第二季:相约“重汽·1956”,为生活加油

线上与济南电视台合作,举办“衣食住行”为主题的四期特别节目,邀请重汽劳模、社会学家共同回忆、点评1956年的生活细节。

线下全城寻找“1956”相关元素,可以是1956年出生,可以是1956年产的老物件……参与活动将获得花生油、加油卡等作奖品,最后将征集到的素材作成照片墙在售楼处展示。

2.热销阶段——好戏开场“住奥体,有戏了”

项目继“重头戏”的形象亮相后,在随后的开盘、售楼处开放等节点延续这一思路,并突破常规表现形式,创新创作思路,借用数字系列及生活场景系列等作品对项目的卖点反复进行深入阐释,加深了客户对项目的认知及好感。

通过借用一系列的数字来指向具体的产品卖点,生动形象地对项目深入解读,多角度、全方位体现了项目的配套优势。

生活场景系列文案:

标题:园林篇

正文:

习惯了大排场,

法式皇家园林,铺排您的归家仪仗。

标题:智能篇

正文:

电梯层控、室内呼梯,

为了让您住得更舒适,我们不惜借助智能科技。

标题:会所篇

正文:

成功的世界里,没有“容易”二字。

在“重汽·1956”星级会所,听您慢慢道来。

3.收官阶段——重头戏压轴,好生活开场

随着精装房的开放、外立面的呈现、项目自身及周边醇熟度的提高,推广可利用的价值点越来越多,如何让客户群全面了解项目品质及醇熟,打一场漂亮的收官战,是本阶段要考虑和解决的主要问题。项目持续热销,也就积累了众多业主,因此我们精心筛选部分代表性业主,通过业主代言的形式,以“重要人物与‘重汽·1956’的故事”为主题,借助更具说服力和亲和力的推广方式,为潜

在业主描绘了一幅幅美好的生活图景，实现项目完美收官。

标题：圈层篇

正文：

住品质豪宅，与趣味相投的人为邻很重要。

散步，聊成了大项目，

下棋，谈成了新合作，

打球，结交了好盟友，

不管是用心筑造的房子，还是志趣相投的邻居，

“重汽·1956”照顾了我从生意到生活的每一个细节。

标题：景观篇

正文：

名片上我是一名医生，生活中我是园林鉴赏家。

塞纳河边的散步，香榭里舍林荫下的低徊，

酒吧里的慢酌，咖啡馆内的细语……

生活在法国的浪漫时光总是让我特别想念，

可如今工作繁忙，出国的时间越来越少。

还好，“重汽·1956”媲美凡尔赛宫的法式皇家园林，满足了我的法国情结。

标题：生活感受篇

正文：

我买的不是房子，而是生活。

朋友总问我为什么买“重汽·1956”，

我说，周末早晨被鸟儿叫醒，

吃完带有阳光滋味的早餐和家人漫步花园，是一件很幸福的事。

“重汽·1956”，只有惬意、舒适、自得……不见应酬和股市行情。

（三）落地活动配合

以大活动起势，后续再以持续的暖场活动吸引客户到访，增加案场热度，实现项目持续热销。

1.“开学第一课”秦川钢琴大师班

对话大师，改变一生。“重汽·1956”邀请世界钢琴大师秦川莅临售楼处，与众多热爱钢琴的孩子面对面交流，为孩子们带来一堂难忘的“开学第一课”。若非殿堂级华宅，怎能缘会世界级大师。之所以选择秦川，就是考虑到秦川的

地位与项目客群的身份更加匹配，容易给客户更强烈的代入感。

2.绿色公益骑行赛

“重汽·1956”紧邻奥体中心，为彰显项目地段优势，我们也举行了许多有关绿色、运动等种类的活动形式，如在售楼处安装体感游戏机，让业主获得游戏满足的同时体验运动的快乐。此外，联合济南市体育局、山东商报等单位举办的泉城绿色骑行活动则在倡导人们绿色出行、健康生活的同时，与项目地段、品质高度吻合。

三、案例亮点

(一)以“戏”贯穿推广全程

“重头戏”一词原是戏曲行话，指在唱、念、做、打等方面见功夫的剧目，在项目推广上我们借以“重头戏”的概念，并配合项目销售阶段，从各个角度加以延伸。

入市伊始，我们打出“重汽的重头戏”“住奥体有戏了”的概念预热市场，随后配合售楼处开放的节点，我们打出“主角登场　好戏连台”的主题。随着样板间的开放及“双十一”等节点，我们以“重彩浓墨惠全城”等噱头吸引客户……通过线上主题与节点配合的推广，及时更新销售动态，始终保持市场的高声音，最终以“重头戏压轴　好生活开场”的主题完美收官。

(二)逆向思维，将劣势转化为优势

项目自身配套比较匮乏，没有大型商业、没有学校等，业主只能借助周边的配套设施满足自身生活所需，为此，我们提出“纯居住”的概念，成功避开项目劣势，并呈现给客户一种静谧宜居的生活感受。

此外，项目本身体量很小，从宏观的角度来看甚至不成气候，与传统大盘相比弱势明显，但也正是因为体量小，整个社区只有872户，我们才可以在推广中渲染一种精致的生活方式，直击现代城市生活拥挤不堪的痛点。

总之，通过逆向思维，我们不仅将项目劣势转化为优势，并成功将将客户的抗性转化为利好，为项目的顺势销售打下良好的基础。

五、社会评价

凭借品牌及产品等优势，项目收到消费者的广泛欢迎，实现快速清盘，成为奥体CBD片区代表性的楼盘，并获得济南十大风尚楼盘、2014年度楼盘新势力、2015年度最具市场人气名盘、齐鲁晚报2015年山东地产最受读者关注楼盘、最佳创新楼盘、济南楼市品质楼盘等众多奖项。

（案例来源：中国重汽集团房地产开发有限公司）

案例4

龙湖·葡醍海湾樱花节

——山东烟台城市营销事件传播

一、案例背景

（一）全国型旅游地产项目，建立长线影响力

对旅游地产而言，所面对的客群绝非简单的区域客群，而是面向全中国。龙湖·葡醍海湾作为龙湖地产重点旅游项目，在烟台这样一座具有间隙性的旅游节点城市，未来影响力的塑造，不仅是区域性的、城市性的，更重要的是全国性的，只有全国性的事件，才能影响全国性的客群，将项目本身的知名度提高到足够的影响力，为项目后续的销售带来源源不断的客流和知名度。

（二）项目开盘，急需导入更多客户

年初，烟台的冬季，外来旅游人口较少，对于一个庞大的旅游项目而言，积累一定量的客群，具有极高的难度，樱花节此次不仅仅承担了制造城市影响力的责任，同样担当起项目销售的重担。龙湖地产以龙湖特有的造景手法，以樱花这个极具话题性和观赏性的事件，吸引全国的客群关注，从而为后续销售做好准备。

二、创作过程

（一）明确一个目标

以樱花节为平台，链接一切对美好充满向往的人、事、物，通过美好建立的情感连接，抓住长效的情感认知，形成源源不断的影响力，将樱花节打造成一个极具影响力的活动，成为葡醍海湾以及烟台的超级符号，一个全民春季休闲生活目的地。

抢占一个独特认知，建立龙湖葡醍海湾樱花节独立品牌，它不应只是项目附属的地产活动，而是属于整个山东乃至全国的旅游产品。

（二）认清现状

樱花节的内容强大，基于传统葡醍活动的经验来看，投入有限，花已盛开，这不是一个蝴蝶说来就来的时代，需要风，我们需要顺大势而为。在这个IP盛行的时代，我们需要抢占一个认知，建立樱花节的地位。

（三）寻找传播路径

从樱花节本身内容寻找独特USP，从时代风尚里寻找大众认知。

1.产品价值

樱花节

北中国品种最纯粹的樱花大道

2公里樱花大道

北国海岸花期最长樱花大道

2.核心价值

精神DNA——浪漫，古典，圣洁，极具仪式感

古典范儿

求婚圣地

全家踏青新趣处

城市旅游新名片

3.创意思考

看似没有温度的时代，一些呼唤真情的具有仪式感的生活方式正在悄然生成。文化营销已经成为当下最火的商业主战场，不同于内容在先的文化类IP，我们依然有很强的地产属性，如何实现樱花节客群与项目目标客群的转换？

我们给出一个工具：你的生活缺少什么，我们就提供什么，这就是广告的本质。

生活仪式感正在逐渐缺失，而2公里的樱花大道恰恰为城市提供了最纯粹的赏樱仪式感。

4.创意思路

真正的生活仪式感，是内心永远存有一种敬畏之心，保持着对生活的热爱，就像罗曼·罗兰所说：“生活中只有一种英雄主义，那就是在认清生活的真相以后，依然热爱生活。”

我们给他一个称谓：生活中的英雄。

广告语：你好，樱雄！

三、作品展示

(一)樱花节 VI 识别:建立樱花节独特视觉识别体系

几片樱花花瓣,线条优雅的“樱花节”字体,构成了樱花节的 LOGO 组合和 VI 识别体系。

(二)樱花节“樱雄”形象

以“龙小湖”为创作原型,通过樱花节的使用场景故事,对龙小湖进行再次包装升级,成为樱花节独有的精神 IP。

四、案例亮点

(一)最具仪式感的活动现场

我们要做的是,拖住每一个来这里的人,并让他们上瘾。从踏上烟台的这一刻,到樱花现场的每一角落,都要充满仪式感,让到这里来的每一个人都被这仪式感所震撼,让他们感觉自己就是真正的樱雄。

1. 樱花地图，从抵达这一刻，最全面了解樱花节

2. 樱花造场

创意，春天般的生活扑面而来

市集，春天的 101 种惊喜

文化，唐韵樱林好梦一场

自由，一家人的野餐自成风景

移动书屋，为春天读一首诗

（二）推出樱雄公约

1.在这里，做一个不赶时间的人，静静地看一朵花与改变世界同样伟大。

2.记得微笑，你在樱花树下看风景，看风景的人正在看你。

3.樱花节是连接所有美好事物的平台，创造美好不是一个人做了很多，而是每个人都做了一点点，比如：不乱丢垃圾，不在有老人和孩子的公共场所抽烟。那就从这里开始，做一个心生美好的人。

4.拍一张春天发给远方的朋友，不要吝啬分享，爱与美越分享越多。

5.樱花节上没有陌生人，在自由呼吸的北纬37°蔚蓝海岸，帮扶老人和孩子，帮助路人拍一张全家福，和萍水相逢的人善意以对，都会获得这片大海的胸怀。

6.对樱花说声“谢谢”，对长椅说声“谢谢”，对四月的春风说声“谢谢”，对大自然心有敬意。

7.花期会过，但美好不会，记得在樱花树下和家人留下一张合影照片。

8.对爸爸妈妈说一声“谢谢”；对孩子说一声，“谢谢你让我做你的父母”；对自己说一声“辛苦了”。那些平日羞于表达的情感，请在这样春日的阳光里，认真地说给TA。

9. 春天要去赏樱花，夏天要去海边，秋天要去登山，冬天要打雪仗，而这一切，都记得要和家人一起，无论多忙，不要忘记陪伴，这是生活的最高仪式感。

除此之外，樱林长椅、各种露天沙发休憩之用，不放过任何一个细节，把美好做到极致。

让每一个来赏花的人上瘾，这个链接美好事物的平台就会自然而然地与他们建立一种亲密连接，让每个人成为樱花节里不可或缺的一部分。

(三)最具仪式感的传播体系：一场引爆全城的事件

第一步：话题造势及品牌传播

城市许愿盒，全烟台一起春天！一只气球引发全城热议，配合视频全城全范围自媒体覆盖，发起春天邀约，释放活动时间。

第二步：活动预告及阶段招募

释放樱雄公约，渠道派发樱雄勋章，全城招募樱雄掌柜，同时借助行业大 V 形成热传播。

第三步：活动后期宣传

微博、QQ 兴趣部落、官微、大 V 联合发动，结合活动亮点，形成持续话题，打造最具生活仪式感的樱花节！

(四)全城招募掌柜同步启动

通过樱花市集与城市共享计划招募(创意摊主|手工类、美食类，共享图书|理想书店、丢书活动，共享单车，共享舞台|商家展示秀)释放活动亮点：创意、人文、浪漫等。

(五)樱雄公约，每一个人都是生活中的樱雄

建立樱花节独特认知，发起樱雄公约——每个人都是生活中的樱雄。

全城4个固定展点分阶段地对外释放樱雄勋章，集齐全套勋章即可召唤定制礼品。

（六）行业大V争当“樱雄”，引发热议

媒体、娱乐、商业、业主、文化等各个行业达人代言，启动“这个春天，我要和家人一起去看樱花节”，手转链接樱雄公约H5，引发热议。每一个人都是生活中的樱雄，扫码拥抱樱花树下最有温度公约。

（七）朗读者

烟台广播直播车开入龙湖葡醍海湾，樱花雨下为你读诗，全烟台听龙湖！

樱花节的活动效果、影响力引发集团强烈关注，每一个推广阶段都会有推广亮点被集团采纳（例如今日头条），朗读者计划因此落地樱花林，成为一场美好的城市事件！

（案例来源：烟台龙湖地产）

案例5

不断向上的生活

——祥泰·新河湾广告传播案例

一、案例背景

(一)本土房企,强力发声

作为济南的本土房企,在此之前,祥泰实业并未取得巨大的知名度,在与传统地产大佬抗衡中,品牌处于弱势。祥泰·新河湾是祥泰实业2012年重点打造的东部大型中央居住区——50万平方米复合新城,业态涵盖大型商业综合体、高尚住宅区、高档幼儿园等,承载着祥泰实业在济南建立品牌影响力和品牌忠实度的使命。

(二)速开盘,急需知名度

2012年济南房产市场并不乐观,整体销售存在众多难点。鉴于本案所承载的使命,必须短期内实现较高知名度,达成开盘的热销。以热销推进项目在市场的影响力,进而形成以"项目反哺品牌"的势能。

(三)"95m^2三房",济南首创

在产品创作之初,祥泰实业就明确了"95m^2三房"的产品势能,在此之前,济南的房产市场,95m^2基本都为两房,而对于当下的年轻人和新济南人,兴趣增多,父母陪伴,两房从功能配比上已经难以满足当下年轻人的需求。"95m^2三房"正是在这样的城市人群生活大势下,应运而生。

二、创作过程

(一)形象IP的寻找

"95m^2三房",直接对位城市菁英。对于一个急需发声和造势的项目而言,城市菁英并不是最准确的选择，而从城市菁英中寻找他们的共鸣才是短时间内叫响市场、引起轰动的最佳选择。

22～30 岁的城市年轻人，他们是一种什么样的生活状态，什么才是他们最真实的内心感受，唯有真实贴近才可知晓。

1. 城市理想家——不管闯荡与繁华还是厮守与故乡，总有一个“家”。

2. 有自我，有责任——有自己的位置，也在彻夜的霓虹里，给爱人一个家。

3. 快乐的教育——信仰成年的成功，更珍惜孩提时的快乐。

4. 有设计的人生——稳定，更需前进的动力，不走弯路。

5. 知性最美丽，本真最核心——相信拼搏和自我修炼可以改变命运。

我们称这些人为城市的“路人甲”，在济南人人都是路人甲。

（二）形象 IP 的塑造

“鹿人甲”就是路人甲，无名无姓无关紧要，却总是不可或缺——

1. 会说出不为人知的事情，据说名侦探柯南有意找他成为助手。

2. 在电影上会成为杂鱼被打死(特别是动作电影)。

3. 随时会在新闻报导中出现。

4. 拥有超强八卦能力。

5. 讲是非能力超高。

6. 不管在“9・11”“3・11”还是巴士判官时间，都会出现在事发现场。

7. 参与过所有戏剧，知名度极高。

8. 居无定所，只爱走路。据说他的一生都在走路。

9. 重磅炸弹的爆料者，锋芝恋、白静夫妇双双遇难等事件，都是八卦新闻报道者最希望采访的对象。

（三）形象 IP 的演绎

在人人都是路人甲的泉城，如何去创建一个新的 IP，如何将其与泉城产生关联？我们采取实拍的方式，以鹿头为元素，让鹿人甲置身于济南的大街小巷，融入济南的各个生活场景。如十字路口、公交车、电梯间、报摊、家和商场，去演绎每一个路人甲的生活状态，正是这种最真实的生活状态，才能呼应济南每一位路人甲的内心共鸣。

三、案例亮点

（一）鹿人甲识路人甲

照片中(朝山街)十字路口，一位不小心进入照片的朋友，后来成了祥泰・新河湾第一批购房者，并在后续购房过程中与我们相遇。

（二）会心一笑即是共鸣

在实际拍摄过程中，当鹿头带在身上，每一位路过的人都会微微一笑，对鹿人甲而言这不是好奇，是发自内心对路人甲与鹿人甲相识的共鸣。

（三）每一个生活场景都是路人甲自己的场景

在场景选择上，我们并没有特意去选择具体的场景，而是围绕着生活中的鹿人甲每一天、每一刻最真实的生活状态去展现。

（案例来源：祥泰·新河湾）

第九部分

IMC专题

案例 1

绿领中国品牌升级,体育营销逆风飞扬

——绿源电动车整合营销传播案例

成立于 1997 年的绿源电动车有限公司,作为中国电动车产业的创始者,经过 18 年的发展,已成为全球领先的电动个人交通工具的制造商,集研发、生产、销售与服务为一体,更是首批获得国家级“高新技术企业”之一。

2009～2012 年,中国电动自行车进入高速发展期,电动自行车社会保有量于 2009 年底已达到 1.2 亿辆,成为名副其实的第一交通工具。电动自行车开始从“民生产品”进入“民生品牌”的发展阶段,行业整合加剧。

2013 年,舒尔茨(中国)与绿源电动车有限公司正式确立战略合作伙伴关系,舒尔茨(中国)全面参与绿源电动车的品牌战略规划及实施工作。为进一步提升绿源的品牌竞争力,扩大市场份额,在这个行业转型的关键阶段,舒尔茨(中国)在产品、品牌、渠道、营销、服务、终端六个维度全面发力,为绿源量身定制符合其品牌现状与需求的整合营销战略,见证了绿源全新品牌战略的实施及再次腾飞。

一、对绿源电动车品牌的相关调研

舒尔茨(中国)通过对电动车市场深度走访与消费者调研发现,绿源是一个非常典型的技术型企业,18 年的发展,其对产品、技术的坚持及对电动车行业发展的贡献,获得了同行的认同,在行业中有不俗口碑,在消费者心中也是质量不错的“老品牌”。但随着近几年行业竞争的加剧,新晋品牌掀起的广告大战、营销大战对传统电动车行业造成了强烈的冲击,绿源传统的产品、技术优势在激烈的竞争中不再是战无不胜的利器,产品开发无法适应新的消费需求,企业出现的“大企业病”导致渠道矛盾日益突出……绿源呈现“品牌老化”的趋势。种种趋势都要求绿源电动车进一步洞悉消费需求，顺应社会潮流。

二、统一思想，契合观念，定制系统的品牌整合策略

每一个成功的企业，都有一套自己成功的经营哲学，要完成自我变革并非轻而易举。也正是敏锐地感受到市场与消费者变化会给企业带来的危机与机遇，绿源与舒尔茨（中国）达成了启动企业战略变革的共识：绿源，要从“以技术及产品为核心导向的技术型企业”转变为“用产品及服务满足顾客及市场需求的创新服务型企业”。绿源集团确立了以3年为期限，以市场优先发展为指导方针，从品牌战略、市场营销、产品研发、品牌传播、服务体系、终端建设六大版块进行全面的整合创新。

（一）品牌战略整合战略

品牌战略整合上，舒尔茨（中国）为绿源制定了“从竞争的角度做市场，提升品牌竞争优势；从消费者角度做品牌，建立领先品牌体验”的核心战略，并重新梳理了绿源的品牌体系。在品牌传播层面，绿源电动车一直以“选择绿源，安全久远”为核心诉求，但在消费者调研中发现，“安全”是消费者对电动车的基本需求而不是核心需求，绿源作为电动车产业的创始者，其卓越的技术创新、产品品质等优势，都被消费者冠以“好车”的评价，在此基础上，舒尔茨（中国）为绿源提炼了全新的品牌传播核心——“好车源来是绿源”。它不仅突出了绿源独有的行业地位，也阐述了绿源致力为百姓造好车的品牌使命，满足了消费者对于产品功能多样化的需求。同时，为了更好地阐述绿源的全新品牌战略及创新变革的思想，舒尔茨（中国）为绿源设计了全新的品牌视觉识别，将绿源的英文标志中“LUYUAN”中的“L”设计成有前进箭头的造型，形成强烈的识别性，整体设计如一支离弦的箭，寓意绿源企业一往无前的开拓精神与社会责任心，象征着企业致力于绿色交通工具事业的发展方向。一个简单的变化，让绿源形象焕然一新，充满了强烈前进的欲望与动力。

（二）市场营销整合策略

确立了品牌的核心传播体系后，舒尔茨（中国）为实施绿源三年战略制定了“绿领中国”的市场营销整合策略。绿是绿色、绿源，领是引领、领袖！“绿领中国”表明绿源将致力于成为中国绿色交通产业领导者的战略目标。而“绿领”也是舒尔茨（中国）为绿源重新定义的电动车消费群体，相对于传统的白领、灰领、金领是以经济实力与社会地位划分，“绿领”是一个有着“善待自己和善待环境”理念的族群，他们热爱生活，崇尚健康时尚，酷爱户外运动，支持公益事业，善待自己的同时也善待环境。在营销策略上，针对南北方市场电动车文化的差异性，绿源重新构建了更贴合市场需要的营销架构，确立了保证南方市场优势，拓

展北方市场、多元整合的市场扩张策略。并在2013年12月12日绿源年度营销大会上，向全体绿源营销团队发布了《绿领宣言》，统一了营销团队的战略思想。

（三）产品研发战略

在产品研发上，通过舒尔茨（中国）的市场调研发现，绿源产品一直给代理商及消费者"价格高"的形象。为适应品牌扩张战略，绿源与舒尔茨（中国）共同制定了全新的产品研发整合思想：改变以往以技术为导向，片面追求高、尖、先领军产品的策略，转变为从市场出发，集中打造高性价比畅销产品，重点关注品牌原创产品，逐步领军高端产品，不断深化"好车"的传播概念。在此指导思想下，建立从市场需求、产品定位、生产成本、销售对象、消费者喜好、推广重点、销售评估等形成完整的开发体系及快速反应能力的产品开发系统，配合营销目标的达成。

（四）品牌传播策略

为配合"绿领中国"战略的落地及实施，舒尔茨（中国）充分研究了中国传媒的现状及特征，为绿源在2014年制定了以"绿领宣言季""绿领体育季""绿领文化季""绿领三甲季"为四大传播主题，用以贯穿全年品牌推广；针对世界杯体育大赛年及销售旺季，重点打造"绿领体育季"与"绿领文化季"。通过链接年度热点事件，策划全民关注的公关事件，做大做广促销活动，实现季度有热点，全年有重点的传播策略，从而实现最大范围内触及电动车目标受众，快速提高品牌知名度的传播目标。

（五）优化服务体系

在现有一切以消费者为核心的社会里，服务即终端，服务即渠道，服务即传播。在舒尔茨（中国）市场调查后发现，电动车行业整体服务体系建设尚处于初级、粗放型阶段，服务无标准、口号形式化、内容同质化是此阶段各大电动车品牌的主要特征体现。舒尔茨（中国）判断，电动车行业的服务体系发展，也必将跟随行业发展向精细化、品牌化、盈利化方向发展，因此，绿源可以通过创新与前瞻性的战略布局，通过提升用户的品牌服务体验，提升品牌服务口碑，在服务体系中实现品牌突破，奠定领先基础！为此，舒尔茨（中国）全新阐述了绿源原有"4CS"服务体系，为绿源确立了"绿灯服务"的品牌服务策略，提出了"绿灯服务，畅通一路"的服务口号，同时，为绿源服务全新创意了"绿灯侠"的卡通服务形象，并将原有售后服务点升级为"绿领之家"，为消费者提供快捷、便利、一站式的服务。"绿灯服务"不仅针对消费者，还针对渠道、合作商等内部管理体系，形成一切以消费者、客户为优先服务原则的服务体系。

（六）终端建设策略

终端店面是品牌与消费者之间最直接、最核心的接触点及关键环节，直接影响着品牌在消费者心目中的形象建立，因此，绿源的终端整合重点在于全新品牌视觉形象的导入、店面系统的规范与标准店面建设。为此，舒尔茨（中国）与绿源一起，根据不同地区、不同渠道特征，重新规范与制定了新的店面形象体系及店员管理系统，并制定了终端建设的“千店计划”，旨在打造硬件、软件内外统一的新型终端形象。

通过全面系统的全新整合，绿源从品牌战略、市场营销、产品研发、品牌传播、服务体系、终端建设六大体系进行了全面的梳理，从而确立了迅速扩大品牌知名度、塑造品牌美誉度、构建品牌忠诚度，3 年之内形成强大的品牌力和产品力，以实现绿源品牌整体持续、健康发展的目标。因此，对绿源而言，改变，不仅仅是一句口号，而是发自灵魂深处的革命。

三、借力世界杯，球王贝利助阵跨界整合

（一）瞄准消费热点，以营销创意整合产品创新

任何一款新产品的研发都需要有开发周期，短则一年半载长则三五年，但这对于营销而言是痛苦的，产品销售的窗口期，常常稍纵即逝，过了这个周期，产品可能已经过时了。对于那些步入成长稳定周期的产品，通过营销创意去进行整合创新，往往会给销售带来意想不到的惊喜。这时，换个角度重新挖掘消费者的潜在需求，迎合某个消费热点，就成了营销快速致胜的利器。

电动车行业一直采用的产品营销手段是传统的 4P 模式：厂家研发生产了某款产品（Product），将产品定好价（Price）后推到渠道（Place）中，渠道通过自己的销售终端及推广活动（Promotion）将产品卖给消费者。当产品出现同质化，渠道销售、推广方式也逐渐趋同时，产品溢价能力不断下降，厂商之间的价格战、广告战不可避免。如何通过营销整合去放大及提升产品价值，考验着厂家的智慧。

舒尔茨（中国）通过市场调研发现，85％以上的消费者已经将电动车当作日常生活的基本代步工具，行业在经历了爆发性的增长周期后，也进入了增长缓慢的成长期。在没有出现具有颠覆性功能的创新产品之前，在现有产品基础下，挖掘及迎合消费者新的消费需求，通过营销创意去整合、推广产品，是最为可行及有效的方法，绿源电动车“世界杯冠军纪念版”就这样应运而生了。

2014 年是世界杯体育大年，舒尔茨（中国）从 2013 年第 4 季度，就开始着手策划，与绿源共同规划了 2014 年的绿源重磅产品——“绿源世界杯冠军纪念版”产品。这次大胆创意，也正是贯彻执行此前制定的绿源产品整合策略——从市场出发，洞悉消费者需求，集中打造高性价比畅销产品，重点关注品牌原创产品。另外，舒尔茨（中国）团队通过与绿源深入探讨了解到，电动车产品的微

创新周期(不涉及全新外观设计或功能创意,仅仅是对涂装、外观或功能的小创新等)一般是半年左右。在这一策略指引下,绿源至少每季度推广一款带有鲜明绿源特色的原创产品,形成绿源产品研发节奏,确立绿源的品牌差异化。

有了产品开发的核心诉求与目的,产品的开发及推广就拥有了"灵魂",而对于绿源电动车而言,就是要把产品设计、推广等内容整合集中于一个关注点——世界杯。

(二)跨界资源整合,抓住契机放大品牌传播效应

对于绿源电动车世界杯冠军纪念版产品的立项开发,舒尔茨(中国)从一开始就打破了传统的4P营销模式,重新定义营销流程,"Solutions""Information""Values""Access"构成了整合营销传播最新的理论"SIVA"理论,其本质在于企业要构建以满足消费者需求为导向的全新营销模式。

有了好的产品仅是营销的第一步,如何将好的产品推广出去,才是真正考验营销策划人员的智慧。对于绿源世界杯冠军纪念版电动车而言,项目组的任务还在于如何让消费者认识并接受它与众不同的价值感。这次世界杯在巴西举办,巴西国家队的球衣是绿黄色,与绿源的"绿"有一脉相承之处。同时,巴西有20世纪最伟大的体育明星之一,即球王贝利。如果请贝利为绿源电动车世界杯冠军纪念版代言,既有高度,又有深度,同时具有话题性,能轰动行业,也必然引爆全媒体的关注,为绿源电动车品牌传播带来不可估量的价值。同时,舒尔茨(中国)也考虑到,绿源电动车不可能像其他外资品牌或超大品牌一样,有雄厚的资金推广实力,如果能借助贝利自身的影响力,实现"四两拨千金"的效果,这本身也是资源整合的最大价值所在,贯彻执行了为绿源制定的"绿领中国体育季"的战略。

因此,在舒尔茨(中国)向绿源提出了"绿源世界杯冠军纪念版与贝利中国行"的整合营销传播方案后,获得了绿源的高度认可及积极响应,舒尔茨(中国)与绿源共同制定了具体的执行实施方案。2014年,绿源规划推出11款世界杯国家队主题车,同时将其中一款命名为"球王版",以此建立球王贝利与绿源的强关联。11款主题车,涵盖了南北市场不同的豪华款及简易款,以广大球迷熟知及喜爱的球队,每款拥有鲜明的国家队视觉识别符号,同时,消费者还可以通过绿源网站,定制自己喜爱的球队的主题产品。在方案确定后,舒尔茨(中国)开始运作贝利中国绿源行的整体策划及执行。2014年6月3日,球王贝利将会出席在北京举行的"绿领世界,源梦行动——绿源少年足球公益计划启动及绿领世界冠军纪念版发布会"。4月底至5月,开始整体的活动预热及造势,获得了125.9万的阅读量及14616的转发及讨论,引起网民的广泛关注。与此同时,从5月开始,绿源在百度的网络搜索量也大幅提升,搜索排名在电动车行业

中位列第一。

2014 年 6 月 2 日，“绿领世界，源梦行动——绿源少年足球公益计划启动及绿领世界冠军纪念版发布会”在北京国家会议中心成功召开，发布会同时整合了公益与产品发布于一体，公益项目包括“绿源少年足球夏令营”、开展“城市足球广场”、开展绿源“千校万球”少年足球希望工程三部分，现场同时邀请贝利担当“绿源少年足球大使”，在倡导体育精神的同时，也向人们发出关注少年足球的呼吁及倡导绿色出行、健康的“绿领”生活方式，号召人们走出户外，亲近自然，享受体育和运动带给人们的快乐。整个活动同时获得线上、线下媒体的高度关注，CCTV5、北京卫视、腾讯视频、《体坛周报》等媒体均对活动进行了追踪报道及贝利专访，腾讯视频同时还设立了专题进行报道，使绿源品牌形象获得了极大的曝光，为绿源旺季的营销推广进行了很好的预热。

贝利活动结束后，在行业引发震动。一些电动车品牌开始效仿，但后仿者无论从产品储备或推广均为时已晚。而绿源则开启了“绿领中国体育季”的大战序幕，在 6～7 月世界杯赛事期间，不仅开发了通过绿源微信平台的“挑战贝利，比比乌鸦嘴”的竞猜活动及“挑战贝利，玩转巴西”的手机游戏，同时，还开通了微信定购、网络定购“绿源世界杯冠军纪念版”的功能。随着世界杯赛事进程，绿源植入 CCTV5 王牌节目《豪门盛宴》成为节目指定奖品，通过 CCTV5 的电视媒体占领高空传播制高点。而地面推广，则推出了“错过再等四年”的大型产品推广及促销活动，形成线上互动、线下促销的立体整合、从空中到地面全方位的传播攻势，也完成了与世界杯资源的巧妙整合，成为当季电动车行业的最大亮点，同时，也让绿源营销团队上下气势如虹。

2014 年，是绿源启动实现“绿领中国”战略的启动元年，整合“球王贝利”资源，产品卖点和展示贯穿于整个事件营销、公关炒作、媒体曝光、市场销售、产品定制及线上、线下活动等各个环节，形成了产品、广告、公关、事件、销售、传播的系统整合推广，同时充分调动移动端自媒体资源，通过媒体高密度曝光，提升话题性和关注度，实现了品牌传播效应的最大化，当月绿源品牌的百度搜索指数就跃居行业第一。2014 年，在行业销售低迷的大环境下，绿源实现 30％的逆势增长，打了一个漂亮的翻身仗，稳居行业前三甲。

三、2015 年：“绿源皇马，主力驾到”，体育营销创新实现行业突围

2015 年，绿源进入品牌战略实施关键性的一年，绿源集团也为品牌提出了“从胜利走向胜利”的年度营销口号，这也成为 2015 年的营销重点。2015 年年初，舒尔茨（中国）为绿源重新定义了“阳刚弘毅”的品牌精神，为更好地阐述这种全新的品牌精神，配合品牌形象宣贯，舒尔茨（中国）为绿源找到了一个形象

载体——西班牙皇家马德里足球俱乐部(简称“皇马”),让皇马这一拥有百年历史的国际顶级俱乐部完美阐述绿源的新品牌精神。

在对绿源与皇马的整合营销策划里,舒尔茨(中国)对此核心定义是:通过创新的体育营销手段,突破传统电动车行业营销的模式,不仅要带动整体品牌形象提升,更要落实到与产品的整合推广上。为此,舒尔茨(中国)与绿源团队共同确定:借力皇马品牌势能,推出绿源全新的产品家族——“绿源皇马家族”。

“绿源皇马家族”,被定义为绿源“高、精、新、尖”各系列产品的杰出代表,是绿源电动车传统优势车型龟王系列及运动系列的中高端产品集群代表。它将承载起2015年绿源核心产品的推广重任,同时,它也是绿源“阳刚弘毅”全新品牌精神的实体展现,将重新定义电动车行业的产品形象,掀起电动车产品的潮流革命。为此,项目团队为“绿源皇马家族”确定了“绿源皇马,主力驾到”的产品宣传口号。

绿源此次与皇马合作,成为“银河战舰”的首个中国官方合作伙伴。此次合作信息的发布,“搅动了一池春水”,引起电动车行业震动,更引发了社会媒体的关注与热议。央视国际频道、优酷网等各大平面、网络媒体纷纷以《首家中国企业“拿下”皇马,绿源签约创最豪华代言阵容》为题进行了追踪报道,引发了线上、线下大讨论,同时还引起了众多中国皇马球迷的关注,“绿源”二字成为3～4月百度搜索电动车行业最热的关键词。

2015年绿源与皇马的本次合作,从策略上是2014年启动的体育营销战略的传承,同时又通过当下中国体育营销的热点——“足球”再度成为2015年行业营销的创新亮点,并引发了社会关注,形成线上、线下整合传播的效益,不仅占领了品牌高度,促进了品牌势能的提升,在营销手段同质化程度极高的电动车行业里形成了突围之势。绿源同时以此为契机整合产品形象,为2015年夏季销售营造了非常好的品牌氛围。

(案例来源:绿源电动车有限公司)

案例 2

诺亚舟优学派联手《中国汉字听写大会》文化营销突围成功

——诺亚舟优学派整合营销传播案例

优学天下教育控股公司前身是诺亚舟教育电子，成立于 2004 年 6 月，由成立于 1999 年的诺亚舟实业公司发展壮大而来。公司是国内领先的教育电子产品及教育软件开发和服务提供商，专业从事从幼儿园到大学的教育互动内容研发，教育电子产品开发生产和销售，并在线提供教育服务。

随着移动互联的飞速发展，电教产品在网络时代和电子技术的突飞猛进下不断升级换代，从以前一个简单的词典机器，到厚重的学习机、点读机，再到今天学生手里的超薄平板学习电脑，电教产品已经成为校园智能化课堂和孩子书包减负的重要学习工具。面对学生市场这块大蛋糕，从最初的几个品牌发展到今天多达 200 多个品牌，市场竞争日趋激烈。

作为电教行业开创者之一的诺亚舟优学派，面临当前纷繁强势的竞争对手和复杂的市场环境。如何找准定位、跳出行业以往传统的传播模式，在新市场竞争下找准资源和目标客户群，成为企业困局下如何突围的重要任务。舒尔茨(中国)与诺亚舟优学派品牌携手，通过准确洞察冠名《中国汉字听写大会》，开创文化营销新思路，通过移动互联网与电视内容营销带动品牌进行线上、线下互动整合传播运动，不到一年时间实现成功逆袭：优学派品牌产品销售额同比增长 60%，品牌美誉度更是好评如潮，成为行业乃至跨界品牌惊叹的整合营销传播案例。

一、深度洞察传播趋势，精准定位激发联想

（一）传播大环境情况调研

2013年夏天，“歌舞当家，娱乐至上”音乐类真人秀纷纷抢夺观众。媒体传播环境日趋娱乐化，各大品牌都云集在热门频道和电视娱乐栏目中，使得广告成本越来越高，广告效果却越来越差强人意。由于当前复杂的媒体传播环境，品牌如何找准传播资源进行推广显得尤为关键。IMC舒尔茨（中国）从宏观社会环境中准确洞察到文化营销的机会，认为民众对过度娱乐化的节目已经产生审美疲劳甚至是厌倦的情绪，文化回归必然是未来的一个大趋势。

因此，IMC舒尔茨（中国）经过仔细的排查筛选，最终锁定并主导推动了诺亚舟公司旗下“优学派”品牌冠名中央电视台和国家语言文字委员会联合主办的《中国汉字听写大会》。

（二）找准定位，激发联想

全球著名营销专家约翰·奎尔奇教授曾说：“教育品牌营销有难度，尤其是电视节目类冠名营销。获得成功的最重要前提就是思维破题，如何找准定位，发掘出品牌与节目间的正联想。”①

《中国汉字听写大会》由央视平台播出，该节目国家级文化类节目的定位与诺亚舟与时俱进的产品更新速率和文化教育属性，恰好不谋而合。两者的品牌形象相契合，有利于受众在观看《中国汉字听写大会》时激发对诺亚舟优学派的正联想。

其次，节目形式是一档由全国32个省市中学生参赛队伍参与的文化比赛节目，无论是节目的参与者还是节目的收看者，均与优学派产品的消费人群高度吻合。

由于近年来科技发展而导致青少年传统文化的普遍缺失，人们提笔忘字、频写错字、写不好字、不会写字、不想写字的现象比比皆是，这一现象也会使人们更加关注教育类节目。

（三）“高大上”的央视平台，体现了无可比拟的资源价值

“高”，指的是央视的高端平台价值。央视拥有国内外重大事件与权威新闻信息源垄断平台的地位，是当今媒体传播平台无可争议的“一哥”，在品牌传播高度和广度上拥有无可撼动的地位。央视黄金时间段节目能够卖出天价，就是其高端平台价值倍增效应的体现。

“大”，指的是央视大平台背景。央视能够利用自身优势快速整合各频道、

---

① 刘可：《诺亚舟再次冠名汉字听写大会 看教育品牌如何发出“好声音”》，《声屏世界·广告人》2014年第9期。

网络播放资源，进而成功打造出一个个有口皆碑的名牌栏目。

“上”，指的是央视无可比拟的权威形象。央视作为主流媒体，传播政府语言，对受众而言，央视具有极高的公信力及影响力。

(四)教育改革大背景带来的战略价值

中共十八届三中会通过的《中央关于全面深化改革若干重大问题的决定》明确提出，要“构建利用信息化手段扩大优质教育资源覆盖面的有效机制，逐步缩小区域、城乡、校际差距，统筹城乡义务教育资源均衡配置”。

在教育改革之际，政府及社会对少年儿童教育问题的重视程度必将随之提升。作为中国教育行业的领导者，诺亚舟在推动教育信息化工程方面一直身体力行，捐赠产品、技术和教育资源，帮助数千万相对弱势的孩子健康成长。若能借势教育改革进行推广，可以进一步增加诺亚舟的知名度及美誉度。

二、线上线下整合营销运动，异军突起销量飙升

诺亚舟“优学派”品牌冠名《中国汉字听写大会》不仅在比赛现场的各种硬件道具中植入了优学派品牌，还专门为比赛开发了汉字题库，并提供了平板学习电脑作为比赛书写设备，种种植入举措使得优学派品牌在节目中的曝光率非常高，使得诺亚舟优学派的产品特性也淋漓尽致地表达了出来，在观众的心智中留下了深刻的印象。

(一)优学派品牌现场软性植入

IMC舒尔茨(中国)及时抓住学习机向平板学习电脑转型升级的最佳时机，以及学生对pad产品的需求和渴望，策划“人人都有派，我用优学派”广告语并拍摄制作了广告片，结合冠名在各大播出平面硬广投放，掀起了平板学习电脑“派”运动。“人人都有派，我用优学派”广告语配合学生集体使用优学派的动感画面，让孩子易记、朗朗上口。

有了好的线上传播资源，还需要终端落地配合。IMC舒尔茨(中国)还制定了“线上线下打配合，灵活形式搞促销”的推广策略，帮助优学派品牌策划了一系列终端促销活动，活动仿照《中国汉字听写大会》的节目形式，结合产品的汉字书写特性，线下多区域、多场地组织了极具趣味的汉字听写大赛，受到学生和家长朋友的热情欢迎，使得他们对优学派产品的特性有了更深入的了解，使得《中国汉字听写大会》在线上的关注度和美誉度转化为优学派产品在线下实实在在的销量。

据优学派高层透露，经过《中国汉字听写大会》主题的推广，优学派产品销量同比增长60%。为此，诺亚舟优学派董事长还特地在微博上致谢IMC舒尔茨(中国)团队的专业和智慧。结合媒介整合策略，用《中国汉字听写大会》捆绑

带动的优学派整合营销运动，给优学派品牌销量带来直线上升，IMC 舒尔茨（中国）也因此而塑造了“小投入，大产出”的整合营销奇迹。

（二）乘胜追击蝉联冠名

观众的选择也印证了舒尔茨（中国）的观点。这档不请明星、不造话题，制作经费仅为《中国好声音》10％的非明星类电视节目，成为年度收视黑马，实现了文化类节目的成功逆袭。而对总冠名商诺亚舟优学派品牌的影响也不可估量。2014 年，在 IMC 舒尔茨（中国）总策划下，优学派成功蝉联《中国汉字听写大会》总冠名，也开创了央视与知名企业整合资源、联合打造品牌栏目宣传片的创新营销先河。

（三）优秀传播平台带来的正面效应

首届《中国汉字听写大会》在央视十套首播仅两期后，就被提到黄金档播出，央视一套更是打破惯例，每周二晚跟进播出，决赛阶段还进入央视一套黄金时段播出，这都充分体现了央视极其强大的资源整合能力。

《中国汉字听写大会》不仅引发了全民热议与参与，甚至得到了党和国家领导人的好评，十几次进入《新闻联播》。正是央视无可比拟的权威形象，极大地提升了《中国汉字听写大会》节目的覆盖面和影响力，也为品牌带来了无可评估的推广价值。

（四）响应号召，打造优学工程

2013 年 6 月，由共青团中央、中国青年志愿者协会、清华大学校友总会、诺亚舟教育电子共同发起实施的诺亚舟“优学工程”正式启动，在全国各地如火如荼地推广“实验班”。此举响应了教育改革的号召，并对普及现代教育技术，促进优质教育资源开放共享，缩小城乡、区域、校际间教育水平的差距将起到积极的作用，同时也达到了企业宣传的目的，提升了企业美誉度。

三、内容营销跨屏整合，传播效率倍增

2014 年，诺亚舟成功携手央视再度冠名《中国汉字听写大会》，不仅为社会大众及学子传递中国传统文化的正能量，助推教育信息化产业在未来更好、更快地发展，节目强大的影响力也对优学派产品、“优学工程”及实验班的推广起到巨大的积极作用。

（一）海选规模空前，诺亚舟优学派全程参与策划执行

IMC 舒尔茨（中国）主导策划节目总冠名商诺亚舟优学派品牌提前全程介入节目海选阶段的植入和执行，将品牌与节目捆绑融合，资源利用最大化。

1. 诺亚舟优学派提供了 5 万余台优学派供海选比赛使用。同时，诺亚舟优学派还为海选活动提供 5 万题的学校海选题库、5000 题的地市级选拔题库、

5000题的省级决赛题库、5000题的成语题库，有效解决了各地比赛中较为棘手的出题问题，打消了部分学校教育局对于无出题人手的顾虑。

2. 此外，诺亚舟优学派还组建了中国汉听海选策划执行团队——“大会游击队”“赛题研发队”“活动培训队”，由总部统一规划，各地渠道全程跟踪投入，协助《中国汉字听写大会》在全国各地海选的顺利进行。

此次大规模海选，诺亚舟优学派品牌对节目的参与度与融合度，以及在消费者心中的知名度和美誉度都起到了不可估量的效果和意义。

(二)“学习诊断专家“概念与节目形成互动、深度融合

优学派二次定位图谱

总定位	学习诊断专家。
核心卖点	用优学派当优等生。
消费群体定位	小学至高中学生群体。
产品功能定位	回归到孩子的学习本质，从诊断孩子的学习轨迹，构建属于他们个人的“知识地图”，抓住孩子的学习需求和学习平板电脑的真正核心，突出优学派独家“智能诊断”功能，强化“学习诊断专家”的核心概念。
品牌形象的定位	“学习诊断专家”篇与行业内其他品牌追捧韩星代言形成十分鲜明的反差，不跟风、不同质化，坚持重视品牌、产品定位和诉求表现。挖掘差异化的产品策略，锁住特定用户群体。
市场形象定位	高端学习平板电脑。

2014年，优学派广告片以新定位的“学习诊断专家“广告语亮相，作为《中国汉字听写大会》比赛用机提供方和技术支持合作伙伴，为了广告片与汉听节目更好地融合，以及观众对优学派“学习诊断专家”新概念的理解和牢记，IMC舒尔茨(中国)与汉听节目组多次沟通植入方案，特别设置了汉听大会现场“百人听写团”在参与听写提交时，现场屏幕显示观众听写率，由大会主持人口播“由优学派学习诊断专家提供的诊断结果……”

优学派“学习诊断专家”，其“智能诊断”功能可根据选手的答题情况进行诊断分析，选手们在赛前使用优学派学习平板电脑进行汉字听写练习，通过“智能诊断”功能清晰绘制自己的“知识地图”，根据“知识地图”呈现的结果就能清晰知道自己各学科词语的掌握情况，就可进行针对性的训练和强化提高，这将大大帮助选手们在比赛中发挥最佳水平。优学派独家“学习诊断专家”的智能诊断功能为大会增色不少。因此，选手们把这款具有独家“智能诊断”技术的优学

派称为“最佳备战神器”。

(三)树立用户思维,把现场观众转化为用户

2014年《中国汉字听写大会》特设第四现场“百人成人体验团”加强成人书写听体验。2013年一条“一只癞蛤蟆难倒七成中国人”的新闻颇受关注,这正是《中国汉字听写大会》组织的成人书写体验团的测验结果:简单的“癞蛤蟆”一词,10个成人选手中只有3个人能书写正确。一时间,成人的汉字书写能力问题被大众聚焦。2014年的成人体验环节有所升级,节目特设立成人体验区,每场的参与人数升级了10倍,成为节目的“第四现场”。

为此,除了现场学生比赛用机之外,根据用户思维和成人用机使用习惯,诺亚舟优学派还特别开发了成人体验团特配机器,供现场观众参与节目比赛体验用机,把现场观众直接转化为产品体验用户。

(四)同名APP多屏互动,引爆全民参与分享

海选阶段,诺亚舟优学派的策划执行团队研发了海选程序APP和校园赛事APP,在海选阶段都取得了意想不到的效果。在2014年《中国汉字听写大会》开播前,又及时与央视节目组联合开发《中国汉字听写大会》APP软件,由诺亚舟优学派全程参与执行。《中国汉字听写大会》APP是节目组官方唯一授权开发的一款教育学习类APP,除各大系统平台下载参与外,用户还可以扫描二维码进行在线体验。

《中国汉字听写大会》APP可以使用户在应用里直接同步参与汉字同步听写,还可以出题考好友,了解节目的幕后花絮和视频资讯等,同时可以分享到微博和朋友圈。节目还启动了“全民焐热冰封汉字行动”,每周精选推出一个节目中出现的“冰封词汇”,通过电视、报纸和网络广泛传播,激发亿万人学习和分享。

此次内容创新、多屏联动、全民互动参与的举措提高了优学派品牌在节目中的曝光率及在移动互联的分享热议,给观众和网友留下了深刻的印象。

(五)线下活动联动开展,用户体验如火如荼

自2013年第一届中国汉听节目上线以来,IMC舒尔茨(中国)帮助优学派制定的“线上线下打配合,灵活形式搞促销”的推广策略,在优学派终端一直沿袭至今,效果空前。从第一届赛事,到2014年春季海选,再到当前暑期的第二届赛事,节目影响力远远超出了栏目组和诺亚舟优学派品牌的预想。线下终端活动热情高涨,在去年的基础上越做越好。

2014年,优学派汉听比赛终端活动结合APP软件和当地进行的海选赛事,除了现场学生参与外,陪同的家长和游客也纷纷通过APP应用加入活动,活动现场如火如荼,整个电教产品市场被优学派汉听比赛的终端海洋所包围,销量节节攀升,捷报频传。

四、创新传承汉字之美，公益营销塑造品牌口碑

《中国汉字听写大会》是央视重点推荐的创新类文化节目，国家教育部、国家语言文字委员会全程深度参与。2014 年的《中国汉字听写大会》自 7 月 27 日 CCTV1 播出至第 3 期节目后，当期中心城市收视 1.38%，份额 3.76%，是专题类节目双网收视第一，从初播几期的形式来看，将再造收视奇迹。

由 IMC 舒尔茨(中国)总策划并拍摄制作的"优学派 &《中国汉字听写大会》"2014 联合营销品牌宣传片，从 2013 年 12 月 21 号开机拍摄到 2014 年 1 月 16 日仅用了不到 1 个月的时间，成功登陆央视一套、三套、十套、少儿频道。宣传片一经播出，舒尔茨(中国)项目团队受到了来自企业客户与栏目组的高度好评。"优学派 &《中国汉字听写大会》"品牌宣传片开创了央视与知名企业整合资源、联合打造品牌栏目宣传片的创新营销先河。其意义不仅为社会大众及学子传递中国传统文化的正能量，助推教育信息化产业在未来更好更快地发展，联合宣传片的巨大影响力也必将助力优学派产品及品牌的飞跃发展。

教育公益事业不是"一锤子买卖"，更不是做秀，而是需要战略的规划和长期的坚持，形成企业公益的长效机制。诺亚舟优学派与央视联手打造《中国汉字听写大会》，正是公益责任的进一步表现，通过这一活动成功促动了民众对汉字危机的反思，向得"音"忘形的情况宣战，并在社会上掀起了学习汉字的热潮。

基于"立足教育，践行公益"的经营理念，诺亚舟建立了持续性的企业公益体系，真正为需要的学习者带去有效、长远的帮助，助其改变命运。诺亚舟在首届《中国汉字听写大会》上特设了"中国汉字优学奖"，这个奖项颁发给了参赛队伍中 3 所教学环境、设备落后但在比赛中表现优异的拉萨、甘肃和云南代表队，每个学校获得由诺亚舟教育电子提供的 40 台价值千元的诺亚舟经典款学习机。

毋庸置疑，诺亚舟优学派再度蝉联冠名，不论是《中国汉字听写大会》节目形象和内容，还是节目的与赛者，都与诺亚舟的品牌以及目标消费人群高度吻合。主导策划诺亚舟优学派两次冠名的 IMC 舒尔茨(中国)，也充分展现了其团队对中国传播环境的深刻理解和传播热点的精准把握，同时洞察优学派准确的市场定位，充分利用移动互联网平台和粉丝效应，整合线上、线下资源，全方位塑造品牌形象，推动市场销量。促使诺亚舟优学派成功借助汉字听写大会驶上品牌发展的快车道！

【相关案例链接】

诺亚舟举行“优学工程”启动仪式

刘海永

6月5日，诺亚舟举行“优学工程”启动仪式暨电子书包教学应用成果发布大会。会上，诺亚舟携手中国青年志愿者协会、清华大学校友总会，正式启动诺亚舟“优学工程”公益助学专项行动。同时，诺亚舟还在会上展示凌云电子书包教学实验成果，并发布2013年优学派电子书包新一代旗舰产品——U18，一连串的动作令业界为之瞩目。

“因为专注，所以卓越”，14年的不断努力让诺亚舟收获荣誉无数，而雄厚的研发实力和领先的产品理念又使诺亚舟一次次地创造行业奇迹：2005年，NP-ITech动漫引擎技术横空出世，开启了整个电子辅教行业的动漫辅学时代；2007年，五大搜学技术闪耀面市，将电脑领域的横搜索技术引入电教产品中，填补了行业空白；2008年，诺亚舟推出图形计算技术，让学习者彻底告别理化学科抽象难懂的时代；2010年，诺亚舟推出万维搜学技术，从点到面发散学习，让学习者效率大大提高。

最值得一提的是，2011年诺亚舟推出“云学习”平台及优学派电子书包产品，开启了电教行业新纪元。据了解，凌云电子书包搭载的“云学习”系统，实现了以学习者为中心，通过互联网平台，由全人类教育者和学习者协作共建、共享的庞大知识库，并且实现了学习个体与知识、学习个体之间的互动探究。诺亚舟目前与全国中小学的教材同步率已达到94.2%。

在服务方面，诺亚舟坚持“全心、用心、诚心”的服务标准，依托其遍布全国的营销服务网络，为客户提供产品体验、课件下载、售后咨询等多样化贴心服务。

业内观察人士指出，在教育电子产品市场这个竞争激烈的领域中，很多企业如过眼云烟，而诺亚舟却在这个洪流中不仅站住了脚，还不断发展壮大成长为中国电教行业的顶尖品牌，归根到底，与其“不断进取，专注创新”的企业理念和雄厚的企业实力分不开。①

（案例来源：优学天下教育控股公司）

① 刘海永：《诺亚舟举行“优学工程”启动仪式》，《中国教育信息化》2013年第14期。

案例 3

华丽的转身

——超威电池品牌战略由 B2B 转型 B2C 的整合营销传播案例

中国电动自行车产业是土生土长的原创型产业，经过近 20 年的野蛮生长，中国电动自行车产业逐步形成了自身鲜明的产业格局和产业特点。目前，电动自行车的社会保有量已经达到 1.62 亿辆，伴随世界能源的衰竭和绿色环保主义的兴起，电动自行车产业越来越多地受到主流大众的关注和欢迎。

伴随着电动自行车产业发展潮流，作为电动自行车产业的核心配件的超威电池也在平稳快速增长。2012 年，IMC 舒尔茨（中国）整合营销机构开始为超威集团提供整合营销传播服务，超威由此开始了由行业 B2B 品牌到 B2C 消费者品牌的华丽转身。

一、基础调研及问题分析

2011 年，超威品牌的年销售额达到 133 亿元，行业内人士包括投资商普遍认为，做为电动车产业的配件供应商，超威发展已经到了顶峰，很难会再有跨越式的突破。IMC 舒尔茨（中国）与超威集团研讨分析后认为，目前超威存在着几个核心问题：

（一）突破配件产业固有思维，向大众消费品牌跨越

作为电动车产业的核心配件，超威电池虽然在行业内具有极高知名度，但在消费者心智中的印象几乎为零。如何突破生产要素的局限，转为大众消费品牌，是超威电池在 2012 年以终端需求拉动产品销售、实现跨越式发展的关键。

（二）突破同城双寡头垄断格局，竞合先赢

虽然超威电池在行业内有一定的影响力，但同城竞争对手天能电池与其旗

鼓相当。天能品牌在电动车行业经营了20多年,创立时间远远超过超威集团,无论是渠道掌控力,还是实际销量都是超威的劲敌。

如何竞争合作,做大行业的同时也将自身份额做大,对IMC舒尔茨(中国)的品牌专家团队是一个巨大的挑战。

二、导入要素品牌战略——营销的B2B到B2C

经过周密的调研和诊断,IMC舒尔茨(中国)提出超威公司实施"要素品牌战略"的全新发展思路,品牌营销要从B2B(Business-to-Business,指进行电子商务交易的供需双方都是商家或企业、公司)转为B2C(Business to Customer,表示企业对消费者的电子商务形式),这个转变旨在打破超威产品作为生产要素的局限,让超威电池转型成为一个大众消费品牌,增加消费者对超威电池的认同度,这将大大拓展超威电池产品的市场销售面和销售机会。

"要素品牌战略"是指为某些品牌成品中必不可缺的材料、元素或部件等构成要素所制定品牌的战略,要素品牌包含人们耳熟能详的Intel处理器、利乐包装、特富龙、杜比,等等。"要素品牌战略"通常具有如下四个实施条件:

1. 要素极具差异化,通常有专利保护,因此提升了整个产品的品质。
2. 要素对最终产品的功能起关键作用。
3. 最终产品自身的品牌知名度不高,可能是因为该产品类型相对较新,消费者购买频率不高,或者是因为该产品的差异性不够明显。
4. 最终产品非常复杂,由多家公司提供的成分、部件组装而成,这些成分、部件也可以在配件市场上单独销售。

超威电池就是一个非常典型的要素品牌,虽然在行业内具有极高知名度,但在消费者心智中的印象几乎为零。因此确定了超威品牌突破发展瓶颈的关键为:将品牌营销由B2B转变为B2C,抢占消费者心智资源,快速提升大众知名度,以终端需求拉动产品销售。

(一)将配件属性与配套产品关联,打造最强品类联想

IMC帮助超威提炼出了"给电动车一颗超威的心"这一核心传播概念,它不仅表明了超威电池与电动车的核心关系,更体现了电动车电池的最高标准,成功打造了最强的品类联想;在行业中塑造了"电动车就要用超威电池"的口碑,在消费者中形成了"电动车都在用超威电池"的印象;同时更重要的是给消费者传达了用超威电池,电动车动力会变得更加超威这一关键利益点,这使得超威电池的品牌形象一下子跳了出来,被消费者牢牢记住。

(二)甄子丹形象整合,打造最强视觉识别

为了配合核心传播概念的推广,IMC为超威电池提炼出"超强动力,超级稳

定，超长续航，超长寿命”这一“四超”卖点，并建议超威聘请甄子丹为品牌代言人。因为甄子丹“威猛”的形象与超威硬朗的品牌气质非常吻合。此后超威很快得到了消费者的认可，超威品牌变成了品质保证的象征。

（三）产品整合，视觉化产品管理

超威公司本身产品较多，总共有超威、金超威、长威、金太阳四个子品牌产品，而每个子品牌又独立运作，算下来超威集团总共有上百款产品。这虽然在市场上有一定的群集优势，但是大多数时候产品定位不明确，经常出现产品定位混乱，产品价格交叉的状况，导致利润无形中被蚕食，也给了竞争对手很多可趁之机，产品布局的混乱让很多代理商怨声载道。而对只认产品品牌，不知产品型号的消费者来说更是不明所以，大部分消费者并不知道这几个品牌的区分和功能诉求。

IMC 舒尔茨（中国）经过全国上百个电动车商圈的深度走访调研后，重新梳理了超威的产品体系，精简多余产品，聚焦明星单品，形成“金超威作为高端形象产品，超威作为主流普及产品，长威作为高性价比产品，金太阳作为战术竞争型产品”的完整的产品体系布局，无缝覆盖高、中、低的产品市场，并灵活采用不同的市场推广策略和渠道策略，堵截竞争对手。同时，针对不同的子品牌也提炼了不同的产品功能诉求卖点，加强了各子品牌产品之间的定位区隔。此外，还规范整合了各子品牌的产品形象，利用视觉色彩进行重新整合，从产品外观设计、包装设计、颜色管理等塑造出子品牌间不同档次的形象。

超威经过产品体系的重新梳理，效果非常明显：在公司管理层面，管理效率提升了很多，也大幅降低了很多不必要的成本；在经销商层面也得到了很好的认同，因为他们销售的产品型号少了，但是单品的销量上去了，减少了很多商务环节，品牌运营起来更加轻松；而在消费者层面，则提高了消费者对各子品牌的认知度，能较好地区分各子品牌的功能定位，根据自己的实际需要购买相应的产品。

（四）资源整合，产业中的合纵连横

光有好的广告口号和形象代言人还远远不够，在现代化商业环境中，品牌需要审时度势，借力打力，借助上下游的力量包装自己，从而在品牌宣传上能“四两拨千斤”，取得更好的效果。比如在竞争激烈的科技数码行业，那些手机、电脑品牌往往标称采用知名品牌配件，以提升自己产品的品质感和品牌价值感。

在超威“要素品牌战略”里面，最关键的一环就是整合电池产业上下游有利资源进行超威品牌的推广。经过缜密的调研分析，IMC 舒尔茨（中国）发现超威品牌在行业内具有很好的口碑，基本上可以算是高品质电池的代言人，超威能够给下游电动车厂商带来更高的品牌溢价。超威可以借助上下游做品牌推广，而上下游也能很好地利用超威品牌提升自己的品牌溢价，从而形成“你中有我，我中有你”的共赢合作关系。

于是，超威顺势而为，积极和电动车厂商联合营销：将超威电池的标志贴在出厂的新电动车上；和电动车专卖店联合，在显眼的地方摆上超威电池的物料或者赠品；和电动车维修店联合，将他们的店面门头改造成超威品牌的形象。通过一系列的整合运作，超威用小成本打通了整个电动车产业链链条，取得了较好的效果。

2012年当年，由IMC倡导的、超威品牌实施的“要素品牌战略”逐渐显现出巨大的成功。超威电池的品牌形象在产品、渠道、传播等方面都焕然一新；“给电动车一颗超威的心”这个创造性的品牌传播广告语因为形象贴切和朗朗上口，在行业内和消费者中广获口碑；消费者点名购买超威电池已经成为一种常态现象，2012年，超威集团在全球经济持续疲软、行业竞争更加激烈的情况下逆势而上，销售额突破370亿，初步超过了竞争对手。

三、借助广告传播，使广告概念深入人心

2012年，超威的要素品牌战略取得了空前的成功，但是也让2013年的超威增长面临很大的压力。如何保持高速的增长，如何面对竞争对手的反击，如何抓住超威品牌的再次跨越的发力点，成为IMC与超威共同需要解决的课题。

IMC团队经过行业分析发现，作为中间产业的电动车电池行业，相对而言还是一个比较粗放的行业。各大品牌很少在影视广告上发出自己的声音，如果超威品牌率先抓住机会在电视媒体上打出自己的品牌，一定会取得先入为主的品牌效应。因此，超威电池在IMC舒尔茨(中国)的协同下，采取了如下举措：

(一)多元化传播，夯实超威领导者地位

在形象定位上，超威旗帜鲜明地喊出了“全球电动车电池领导者”的口号，并制作了《领导者篇》影视广告，通过“给电动车一颗超威的心”“动力持久，当然更受欢迎”等简单有力、朗朗上口的广告台词在全国各大电视台播出后，迅速得到渠道的认可和消费者的认知，消费者在终端对超威电池的点名购买力也大幅上升，从而带动了超威电池的销量节节攀升。

在产品宣传上，也制作了《四超篇》影视广告，围绕“给电动车一颗超威的心”的核心概念，通过代言人甄子丹的表演，强化了超威与电动车“心脏”的强烈相关联想，强调超威电池“超强动力，超级稳定，超长续航，超长寿命”的核心利益诉求，提升了品牌与产品的形象感与品质感。

在公益宣传上，考虑到网络传播的需要，超威还制作了《好心有好报篇》社

会公益广告，围绕“给电动车一颗超威的心”的核心概念，通过山区一教师几十年如一日照顾瘫痪母亲的故事，巧妙融入超威的产品，传达了超威“好心有好报”的情感诉求理念，得到了无数消费者的共鸣。

在制作广告宣传片的同时，超威也斥资上亿元，在全国各大卫视上进行了广告传播，取得了非常明显的效果。

2013 年年初，超威广告片在各大卫视上播出后，销量提升 20%。

2013 年年终，超威聚焦江苏卫视，又进行了一轮广告宣传，销量又应声而涨，再次提升 40%。

（二）创新传播形式，深入终端宣传

结合电池行业特征，终端是电池行业推广的最核心战场，为在终端推广超威新形象、提升品牌在消费者心中的知名度，超威组建了国内首个由企业打造的 LED 宣传车，50 辆时刻展示超威新形象的宣传车，成为终端宣传的有力武器。

在 2013 年 10 月江苏南京自行车电动车展览会上，超威集团派驻了 50 余辆 LED 广告宣传车，分布在会展中心各个主要入口通道，循环播放超威电池形象广告和社会公益广告，吸引了所有市民和参会人员的目光，在行业内引发了高度关注。

（三）创新终端形象，提升终端势能

传统的电动车电池主要以“寄生式”销售为主，虽然电池是电动车产业的核心配件，但是基本上不存在独立的专卖店，其销售主要有两个渠道：一个是大客户渠道，主要销售给品牌电动车厂商；另外一个是在电动车专卖店、电动车维修点销售，主要销售给电动车换电池的终端消费者。这两类渠道都被别人控制，导致电池厂商的品牌控制力不足，就像自己的咽喉被人掐住，很难在品牌建设上展开拳脚。

IMC 舒尔茨（中国）创新性提出“超威全心服务店”的新思路，以明星代言人甄子丹的形象为新的视觉元素，重新整合品牌终端店面，让品牌形象在终端有了很大的提升。在品牌展示上，“超威全心服务店”能很好地展示超威集团的形象，提升超威品牌美誉度。服务内容上，“超威全心服务店”能很好地满足消费者的需求，提供多样化的增值服务。区域功能上，“超威全心服务店”能辐射影响周围的超威电池零售终端，对其他零售渠道形成很好的控制。

超威原有的“寄生式”销售渠道也没有放弃，而是将其进一步发扬光大。IMC 舒尔茨（中国）设计了形象档次均属一流的超威专卖货柜，放置在电动车专卖店或者电动车维修店中，摆脱了原来凌乱平庸的销售环境，一下子和竞争品牌拉开了距离，得到经销商的一致好评。更值得一提的是，IMC 舒尔茨（中国）

创新性地在超威专卖货柜中加入了音响功能，循环播放超威的功能卖点介绍，让所有进门的消费者首先被超威吸引过来，而经销商自身也因为整日耳濡目染，逐渐放弃其他电池品牌，转而专心销售超威产品。一个小小的超威专卖货柜，却带来了难以想象的巨大回报。

为了能更好地推广超威品牌形象，带动实际的产品销售，IMC舒尔茨（中国）策划了以“虎虎生威，升级超威送大礼”为主题的终端促销活动。活动一方面呼应了超威品牌升级的主题，另一方面借力社会热点的“含镉毒大米”事件，采取“买无镉超威电池，送无镉健康大米”的形式，将超威的技术优势与社会热点关联起来，大大加深了消费者的印象，更取得了很好的销售成果。

经过以上一系列的举措，2013年，超威电池的销量突破570亿元，遥遥领先于竞争对手。

三、测定传播效果，扩大传播成效

2014年，为了再次检验印证超威“要素品牌战略”的实施成果，IMC舒尔茨（中国）专项历时2个月，在浙江、江苏、安徽、河南、四川、山东、河北、广东等电动车重镇，针对终端消费者和渠道体系，进行了一轮广告效果和消费者行为的调研。

调研显示，超威的无提示品牌回忆率达到了68%，远超竞争对手的36%，IMC舒尔茨（中国）主创的超威影视广告在消费者中也大受欢迎，调研显示有85%的消费者看完广告之后会通过各种形式或渠道去了解超威产品，超威品牌的核心诉求认知度也达到了23%。超威的广告对销量的促进也取到了积极的作用，有58%的渠道认为超威广告对销量有促进。这清晰地证明：超威前期的广告运动卓有成效，对品牌美誉度、品牌销量都有较大的提升。

尤其重要的是，经过调研得出，在品牌地位走势一项中，超威电池的市场预购率大幅领先于竞争对手，这说明超威电池的“要素品牌战略”仍然继续有效。

在超威产品份额全面领先的新态势下，如何将具有配件行业特色的“B2C”“要素品牌战略”推向一个新的阶段？根据研讨，项目组认识到目前的广告传播重点是要巩固消费者对超威是电动车电池品牌领军品牌的认知。但国家相关广告法规规定品牌广告不能诉求第一，而“遥遥领先”一类的擦边球手法也毫无新意。为此，超威市场部门组织舒尔茨（中国）团队和超威媒体总代理舜风传播集团进行了多轮联席研讨会议，在2013年度的一次头脑风暴会上项目组得知：在中国各大电动车厂商的采购配套电池市场上，超威电池的份额已经突破了60%，并且这个数据在超威和各大整车厂、国家相关部门都可以查证。舒尔茨（中国）敏锐地抓住了这一数据后面的价值，提出可以从整车厂配套数据方面，为“给电动车一颗超威的心”概念来一次延展和深化，可以叫“10 辆电动车、6 辆配超威”，因为 10∶6 的关系一旦确立，对手就没有机会进行同质化超越，大家迅速研讨确定了传播新主题：“10 辆电动车，6 辆配超威电池！”

“全球每卖 10 辆电动车，6 辆配超威电池”的新广告片顺势推出，用数据证明了超威电池的行业地位和在消费者心中的受欢迎程度，有说服力的数据验证和简单易记的诉求引爆了消费者的从众效应，超威电池越来越受欢迎和信赖，电动车电池行业的马太效应也越来越明显。2014 年，超威电池销量再创新高，570 亿的年销售额当之无愧成为电池行业的绝对领导者。2015 年初，随着超威电池销量再攀高峰，数据再一次被刷新，超威品牌的传播主题也再次改为“全球每卖 10 辆电动车，7 辆配超威电池”。

（案例来源：超威集团）

案例 4

看合生元如何玩转大数据和整合营销

——合生元整合营销传播案例

广州市合生元生物制品有限公司成立于 1999 年。2006 年在广州经济技术开发区建立了益生菌 GMP 工厂，2010 年 12 月于香港联合交易所主板成功上市。合生元拥有自己的研发团队、产品质量检控设备，是中国洁净度级别最高的益生菌工厂之一，目前合生元主要提供“合生元”品牌的高端婴幼儿营养品、“葆艾”品牌高端婴幼儿护理品以及“素加”品牌系列强化营养婴幼儿配方奶粉，同时拥有一个知名会员服务品牌“妈妈 100”，为会员提供一个育儿交流及咨询平台。

合生元的成功有很多种因素，如果用两个词尝试去描述，那就是“坚持”与“创新”：坚持，源于对产品、对事业的信念，这种坚持甚至能从十几年来合生元坚持的品牌形象、广告风格等自然流露出来；而创新，并不是简单片面地描述在生产或技术研发层面的进步，而是敏锐把握市场趋势，并通过洞察消费者的需求变化，转化为指导企业行为的思想与勇敢实践。

一、卡通“丁丁”沟通母婴，12 年专注成就产业第一

谈及合生元品牌，就不得不说这个品牌的形象符号、一个卡通形象——丁丁(现又名“Q 宝宝丁丁”)。这个诞生了 12 年的卡通形象，一路见证了合生元的成长与成功。

2003 年，合生元益生菌产品在中国市场上市，在上市初期，合生元遇到了很多困难。首先，婴幼儿保健品对中国消费者而言较为新鲜，接受度较低；其次，2003 年“非典”爆发，全国处于对未知病情的恐惧里；同时，当年风行一时的牛初乳让广大家长上了当，保健品市场的信誉已经被严重透支。因此，如何获得年

轻妈妈们的关注和信任，是合生元益生菌在当年推广时遇到的最大难题。

谈及当年为合生元品牌进行形象创建的经历，丁丁主创人、舒尔茨（中国）副总裁谭振杰先生说道："我们发现，合生元有很强的外来基因，比如与法国拉曼公司的战略合作，相比起中国保健品当时流行的豪华型包装，欧洲的药品、保健类产品的风格是非常理性、严谨的，容易让人产生信任感与安全感。因此，首先在产品形象上，我们希望合生元体现出欧洲保健药品的风格。其次，在品牌策略上，我们希望有一个符号，能长期与妈妈们沟通，它应该是一个能触动家长们心底柔软情感的符号。这就是丁丁诞生的原因。"

对于丁丁的创意过程，凝聚了主创团队的心血。他们大量研究欧美流行的卡通文化，从卡通人物的造型、线条、色彩、表情、动作等都进行了深刻的研究及分析，并将其融入到对中国宝宝的角色创意中，最终形成的方案是一个精灵、乖巧、健康又可爱的形象，同时，丁丁还有两根头发作为其独特的符号识别，而这个创意来源于中国著名漫画家张乐平笔下的三毛印象。

卡通的创意不是最难，也不是最具挑战的，难的是要如何应用，如何推广。企业花钱请漫画家设计一个卡通形象是一件轻而易举的事，但如果企业希望这个卡通一诞生不经推广就能获得大众认可、为品牌带来即时的轰动效应，这只是一厢情愿的理想主义。如果把一个卡通比喻成一个新品牌、新形象，无论它画得有多好，它也是一个新生儿，对消费者而言是陌生的，也同样需要推广。塑造一个卡通形象，不像请明星代言那样可能会对招商、销售有立竿见影的效果，它需要一个人们认识它的过程，而这个过程，考验着企业的耐力。

合生元无疑通过了这种耐力考验，同时也收获了巨大的回报——丁丁形象的无形价值及其在与消费者沟通过程中的巨大作用。这个案例的成功归功于合生元强有力的执行能力，他们看到了丁丁对自身品牌的价值，并充分将其进行创新整合，应用到所有品牌接触点体系中，它与"合生元"同时出现，无论是在产品包装、终端店面、货架陈列、电视广告、宣传画册、互动活动……它已不仅仅是一个卡通符号，更是一个无时不在、循循善诱的导购员：它可以随时告诉你宝宝生病的种种问题、症状，告诉你益生菌对宝宝有什么好处，要怎么食用……

丁丁诞生至今已有12年，这个12岁的宝宝形象已经深入一代又一代年轻家长的心中，凝聚成妈妈们对自己宝宝的期望——精灵、乖巧、健康又可爱。12年的累积沉淀，这个丁丁也成了名副其实的"品牌明星"，不仅孩子爱它，家长们也爱它，而它，也获得了足够的成长能量。2007年开始，合生元看准了中国婴幼儿奶粉食品市场的巨大机遇，开始从单一益生菌品类扩张到婴幼儿辅食产品、高端婴幼儿配方奶粉市场，在这些产品身上都看到了丁丁的身影，丁丁已经成为一个高品质的、婴幼儿保健食品的形象代表。

二、准确洞察消费者变化，创新CRM打造精准整合营销平台

(一)“妈妈100”的神奇魔力

2014年3月17日，合生元官网方面发布新闻表示：合生元已与京东达成战略合作，合生元“妈妈100”官方旗舰店正式进驻京东，双方联手开启并探索母婴领域O2O模式新纪元，实现线上下单、线下实体店最快3小时送达服务，为中国妈妈们提供最为便利、最优保障的母婴用品网购体验。

“妈妈100”是一个专门为中国妈妈提供交流平台的会员网站。这个专业的母婴育儿资讯交流平台，合生元花费了重金去打造。现在它已成为合生元业务快速增长的核心战场，并成为移动互联网时代线上、线下营销整合的经典案例。

对于“妈妈100”，合生元官网是这样阐述的：“妈妈100”是合生元旗下的育儿消费服务网站，为充满爱心时尚的妈妈们开辟了宝宝成长记录、经验交流、消费交流、专业资讯、购物积分、积分兑换等展示、交流、互动平台，凝聚了百万妈妈会员。我们倡导育儿消费新理念，跟妈妈们一起养育健康、聪明的宝宝；同时，“妈妈100”结合权威育儿资讯杂志《孩子》(幼儿版)，为2～6岁孩子的妈妈提供更多育儿专业资讯。

合生元实际上是为妈妈们提供了会员管理服务，或称“客户关系管理”，即CRM(Customer Relationship Management)。在一篇名为《为什么合生元是最有可能做成O2O的传统品牌》的文章中，作者有这样的描述：“这家公司在前互联网时代的会员营销基础，为其进入O2O，打下了坚实的基础。如今中国婴幼儿奶粉行业中备受关注的企业，不是美赞臣，不是多美滋，而是合生元。大家都在研究它独到的会员营销。要知道，‘会员营销’这个词，几乎被专业人士说烂了，但搞来搞去，也就不过是拿到会员手机号，发发促销短信，节假日问个安。合生元在大陆市场的崛起，不得不说是市场机遇。合生元奶粉上市的2008年，正值三聚氰胺事件爆发，国产乳品企业全都被牵连，合生元以原装进口奶粉的身份成功地站住了脚。但是合生元能在5年之内从0做到33亿，不得不归功于它独特的妈妈100会员营销体系。当很多企业都不知道自己的消费者在哪里的时候，截至2013年6月，合生元妈妈100活跃会员人数是173万人，这批活跃用户贡献了合生元总销售额的84.7%。”

时至今日，相信已经没有任何一个厂家或品牌会否定或忽视会员管理(CRM)的重要性。但会员管理不是在企业官网打造一套系统、给客户发一张漂亮的磨砂卡、留了一个电话就成功了事的，那只是走过场的形式主义。

会员管理的核心价值，在于如何通过企业及品牌提供的持续性服务，与客户建立更稳固、可信的关系，形成品牌忠诚度，更进一步，就是实现销售闭环，将

会员变成企业的长期业务客户，形成稳定、持续的销售。而合生元“妈妈100”正实现了这个目的。

（二）“妈妈100”，让流量变成销量的O2O平台

2006年，“妈妈100”网站上线。2008年，合生元的奶粉和婴幼儿营养食品上线之后，合生元的销售主要还是依靠商场超市、母婴门店和药店三种传统的零售渠道，而在2010年之前，商场超市渠道在合生元销售体系中保持着近60%销售额的绝对优势。但是，合生元在与他们的合作中，商场超市渠道常常处于强势地位，项目组想深入地了解消费者的消费情况，追踪消费数据，几乎不可能实现。

对于厂家而言，最重要的是要了解消费者。为了更好地收集及管理消费者数据，随时掌握消费者的需求及变化动态，项目组开始拟定一个叫“冲击波”的计划，其计划如下：第一步，合生元定制一套专门针对会员管理的POS机，用于即时搜集会员的消费信息，同时，会员通过这套系统，可以积分兑换合生元产品及礼物。第二步，让各类渠道门店安装合生元POS机，门店的消费者使用POS机付账时，刷了合生元积分消费卡后，就可以累积合生元积分，而个人基本信息和每一笔消费记录同时导入到合生元的后台数据库，这样就形成了一套客户关系管理系统(CRM)。

“冲击波”计划如果实现，将是会员管理的重大创新，但其执行与推广也具有相当大的难度。首先，KA商场卖场对合生元这套系统就非常排斥，不可能配合。项目组于是将目标转向了二、三、四线城市的母婴门店，他们的奶粉销售在2010年贡献了大约30%的销售额，有巨大的可挖掘潜力。同时，这些母婴店多以社区服务为主，店员工通常在20名以内，甚至是夫妻店，谈判比较容易。最关键的是，在2008年之前，这类店大部分仍在使用人工记录用户电话，以群发短信的形式单向地向会员推送店铺促销信息，他们无法掌握用户的购买习惯，因此若能实现会员管理制度对他们而言意义重大。但合生元内部团队压力非常大，许多人认为母婴店老板不可能愿意配合将会员信息无偿提供给合生元。

事实上，合生元让这些母婴店老板明白了：安装合生元POS机不仅能帮他们留住回头客，还能带来新客源，合生元只是帮助他们做服务而不是与他们抢顾客。

首先，合生元通过整合及推广线上“妈妈100”平台、呼叫中心及2013年上线的“妈妈100”APP，形成具有巨大流量的线上接单大平台，这个大平台目的是接单及客户服务，而不是负责销售与发货；当“妈妈100”线上平台收到客户订单，系统会监测到这个客户之前是否在门店中有购买记录。如果有，这个订单会就由这个门店来配送。如果是新客户，那这个订单就会安排就近的门店来配

送。同时合生元会要求获得授权的门店要下载一个商家版“妈妈100”APP，一旦有订单分配过来，门店就会收到提醒，门店需要在1个小时之内反应是否接单。如果1个小时没有反应，这笔订单将会被分配到另一家门店。所有的订单，只要门店能配送，就由门店来配送。最关键的是，订单的业绩算在门店头上，相应的利润也归门店。因此，对于门店来说，“妈妈100”不是跟他抢客流，而是帮他引流，门店需要付出的就是配送成本。这彻底打消了门店老板们的顾虑——线上平台为他们带来源源不断的订单而不是和他们抢生意。这是合生元最终获得母婴店老板们认可与支持的核心利器。

当这个线上、线下平台系统建立起来后，其价值得到彻底释放，合生元与终端门店就可以随时掌握完善的数据系统，掌控销售链条的库存情况，以便及时安排生产与补货，保证门店的货品供给处于良好的状态。门店老板不需要担心厂家压货，也不用操心畅销产品补不上货。同时，门店直接配送也是一大优势，其他电商平台送货的是快递公司，快递公司只管货送到了，而门店送货的工作人员是一个母婴服务人员。她会告诉你奶粉怎么用，店里有什么促销活动……这些正是线下门店的优势。

通过线上“妈妈100”平台（ONLINE）接单、终端门店（OFFLINE）送货、服务跟进，厂商负责好产品的生产及推广，门店负责好销售及服务，大家分工明确，利益共享，实现了将线上流量变成线下销量，最终形成了合生元“妈妈100”的O2O销售闭环。

三、大数据系统实现O2O营销创新

“妈妈100”的核心价值不仅仅是作为合生元接单的平台与工具，它还有着最重要的使命，也是其诞生的初衷——实现会员管理。这种会员管理体系的核心，不仅仅是做好销售的追踪服务，更重要的价值在于，通过大数据管理，洞悉消费者的消费行为及需求动向，及时提供服务提醒，是真正通过大数据实现“一对一”的个性化服务。

例如，一位妈妈通过“妈妈100”购买了某款合生元产品，合生元“妈妈100”数据中心会分析出这个宝宝吃完这款产品的大致周期，数据中心会向相应门店的POS机发出一条指令，在相应日期里店员打开POS机就会获得一张该客户的小票，提醒店员可以在这个时间点上回访该客户，可以进一步了解产品的使用体验及宝宝状况，询问是否需要继续采购及送货上门。这个被称为“机会窗”的回访时间点非常重要，如果错过了就会错失销售的机会，而这个“机会窗”的背后，就是强大的“妈妈100”大数据分析处理能力。

通过“妈妈100”数据中心，合生元将会员分成潜在客户、普通客户、忠诚客

户、倡导者四个层次，实现了会员的分类管理。例如，针对那些超过3个月没有任何购买记录的老客户们，数据中心会对这些“休眠”客户适当推送促销信息进行购买唤醒。而购买高价（超过400元以上）产品的客户，更偏向服务类信息，合生元就会针对他们举办免费的妈妈课堂或是特别的活动安排，而购买200元左右价位产品的客户们往往对促销活动更有兴趣，合生元就及时向他们发送促销信息。通过客户的购买数据分析，合生元可以做到精准营销，让不同购买力的消费者得到自己需要的服务。合生元设立的终端业务部，很重要的一项使命就是帮助门店为消费者提供更好的体验。

当下每一个企业都在倡导向消费者提供优秀的消费体验，什么叫优秀的消费体验？就是在对的时间（消费者刚好需要）对的地点（线上购买）通过对的方式（送货上门）提供对的产品（品质不错，消费者品牌印象好，而且能消费得起）给消费者。每一个“对的”背后，都是一个庞大、系统、专业的工程，而能将这些整合在一起，就是创新。合生元很好地做到了这一点。

根据2014年4月14日合生元发布的《2014年第一季度营运资讯》显示，合生元集团的“妈妈100”活跃会员平均数目由2013年第一季度的1584650名上升19.8%，至2014年第一季度的1898839名。活跃会员数目增加继续巩固集团以发展“妈妈100”会员计划来推动收入快速增长的核心战略。同期，零售商店数目由截至2013年3月31日的16211间上升37.6%，至2014年3月31日的22314间。

“妈妈100”在实现合生元O2O战略上完成了重大的挑战，取得了阶段性的成功。当然，他们也同样面临着新的挑战。消费者日益成熟，网络购买习惯已经形成，而网络购物最大的便利性还在于，价格在网络购物环境下已经完全透明，这必然会对终端门店造成相当冲击，如何保证他们能持久经营、做好服务、保证客户黏性、开发新客户等等，都是合生元面临的重大课题。

新传播时代要求企业在更高层面上来实现“以消费者为中心”，企业如何通过研究消费者的动态变化需求去转化为指导企业行为及营销创新的实践，将考验着企业与企业家们的智慧与勇气。在摸索与前进的道路上，会有很多成功的典范，成功的经验可以学习、总结，却不能复制，如何走出一条符合企业自己实际情况、拥有企业自身特色的道路，更需要企业融会贯通，运用“整合”的思想去思考。

【相关案例链接】

2010年至2013年的复合年增长率为54.6%。截至2013年12月31日止年度，本集团的收入达人民币45.613亿元。除却一次性支出，纯利录得历史新高人民币9.836亿元。与2012年相比，2013年的收入及纯利（除一次性支出）

增长分别为34.9%及32.4%。

妈妈100会员平台为一个综合数据库营销平台,为会员及会员零售商店提供多种不同的增值服务,是本集团成功的重要一环。其增值服务包括专业杂志、护理咨询热线、mama100流动应用程式、mama100.com网站、会员积分计划及培训课程,有助本集团加强交叉销售及提升客户忠诚度,并帮助一系列数据库营销活动取得更高销售额及提高推广效率。

作为会员及营销平台,妈妈100向本集团管理层提供大量各类市场数据,如会员数据、渠道数据及零售商店数据。凭着这个全面的数据库,本集团可就业务营运的各个层面进行精密的数据分析,支援决策活动。这种复杂的会员数据库分析将最终令业务模式改变为一对一或个人化的精准营销。

(来源:合生元公司2013年年报)

(案例来源:广州市合生元生物制品有限公司)

后　记

在当今社会，广告作为一种传播方式，不仅起到了传递信息的作用，而且将互不相识的供需双方以艺术呈现的形式联系到了一起。对于广告主来说，广告可以激发消费需求，增加收益，长远来看可以塑造并提升品牌形象；另一方面广告也能指引消费者在海量的产品或品牌中作出购买选择，好的广告甚至可以陶冶情操。从这两方面来看，广告刺激了消费，拉动了经济增长，它已成为消费者与生产者之间必不可少的沟通桥梁。同时广告业自身也成为中国市场经济中不可缺少的重要组成部分，在部校共建的环境下，其关注度也空前提高。

然而，相比于传统媒体时代，当下大数据、媒介融合、虚拟现实、人工智能不断演进，受众呈现“碎片化”趋向，对个性化的要求越来越高，消费心理和消费行为越来越难以捕捉，单一媒体广告就能“打响”一个品牌的时代已经一去不复返，媒介变革给与之紧密联系的广告业带来了巨大的影响。广告公司的服务水平逐年提升，广告形式越来越多样，利用大数据洞察消费者以做到“一对一”私人订制广告的现象屡见不鲜，建立沟通创意导线引导消费者主动“Search”和“Share”比以往更加重要。在未来广告市场的激烈竞争中，广告传播应以优质内容为核心、以创意为导线吸引消费者、以大数据实时监测传播效果方能制胜。

最后，特别感谢提供上述优秀案例的广告公司及广告人，未来广告业的发展需要我们共同学习、共同进步，才能不断适应时代变革，促进行业发展。

臧丽娜
2018 年 4 月